成都·成华历史人文丛书 街道卷

圣灯寺

朱晓剑 著

四川文艺出版社

图书在版编目（CIP）数据

圣灯寺 / 朱晓剑著. — 成都：四川文艺出版社，2019.12（2022.1重印）
（成都·成华历史人文丛书）
ISBN 978-7-5411-5607-6

Ⅰ. ①圣… Ⅱ. ①朱… Ⅲ. ①城市道路—成都—通俗读物 Ⅳ. ①K927.11-49

中国版本图书馆CIP数据核字(2019)第276433号

SHENGDENGSI
圣灯寺
朱晓剑 著

出品人 张庆宁
责任编辑 罗月婷
封面设计 叶 茂
内文设计 叶 茂
责任校对 蓝 海

出版发行 四川文艺出版社（成都市槐树街2号）
网 址 www.scwys.com
电 话 028-86259287（发行部） 028-86259303（编辑部）
传 真 028-86259306

邮购地址 成都市槐树街2号四川文艺出版社邮购部 610031
排 版 四川胜翔数码印务设计有限公司
印 刷 永清县晔盛亚胶印有限公司
成品尺寸 157mm×235mm 开 本 16开
印 张 13.75 字 数 220千
版 次 2019年12月第一版 印 次 2022年1月第二次印刷
书 号 ISBN 978-7-5411-5607-6
定 价 42.00元

总序

成华区作为成都历史上独立的行政区划，是从 1990 年开始的，它是一个非常年轻的区。但是成华这块土地，作为古老成都的一个重要组成区域，则有着悠远的历史与深厚的文化根基。

“成华”区名，是成都县与华阳县两个历史地理概念的合称，而成都与华阳很早就出现在古代典籍中。《山海经·大荒北经》中曾有“大荒之中，有山名曰成都载天”的记载，有学者据此认为，成都可能是远古时候的一个国名，或者是古族名。华阳之名也一样历史悠久，《尚书·禹贡》云：“华阳黑水惟梁州。”梁州是上古的九州之一，包括今天川渝及陕滇黔的个别地方，华阳即华山之阳，是指华山以南地方。东晋常璩所撰写的西南地方历史著作《华阳国志》便以地名为书名。唐代开始，地处“华山之阳”的成都平原上便有了华阳县，也从此形成了成都市区二县共拥一城的格局。唐人李吉甫在地理名著《元和郡县图志》一书中，对成都与华阳做了更进一步的记载：“成都县，本南夷蜀侯之所理也，秦惠王遣张仪、司马错定蜀，因筑城而郡县之。”“华阳县，本汉广都县地，贞观十七年分蜀县置。乾元元年改为华阳县，华阳本蜀国之号，因以为名。”由此可见，成都与华阳历史之悠久，仅从行政区域角度看，成都从最初置县至今已有两千三百多年，而华阳置县从唐乾元元年（758）至今也有一千二百多年了。

不仅成华之名源远流长，具有丰富的人文内涵，成华这片土地更是积淀着厚重的历史与文化。可以说成华既是一部沉甸甸的史书，也是一首动人心魄的长诗。这里有纵贯全境且流淌着历史血液与透露着浓烈人文气息的沙河，有一万年前古人类使用过的石器，有堆积数千年文明的羊子山，有初建成都城挖土形成的北池，有浸透了汉赋韵律的驷马桥，有塞北雄浑的穹顶式和陵，有闻名宇内的川西第一禅林，有道家留下的浪漫神话传说，有移民创造的客家文化，还有难忘的当代工业文明记忆，还有世界的宠儿大熊猫……

成华有叙述不尽的历史故事。

成华有百看不厌的人文风景。

成华的历史是悠久的巴蜀历史的一部分；成华土地上生长的文明是灿烂的巴蜀文明的重要组成部分。

为了把这耀眼的历史文化集中而清晰地展现给人们，同时也为后世保留一笔珍贵的精神财富，中共成华区委和成华区人民政府立足全区资源禀赋和现实基础，将组织编写并出版“成都·成华历史人文丛书”纳入“文化品牌塑造”工程的重要内容之一。由成华区委宣传部、成华区文联、成华区文旅体局、成华区地志办等单位牵头策划，并组织一批学者、作家共同完成这套丛书，包括综合卷与街道卷两大部分，共计二十册。其中综合卷六册，街道卷十四册。综合卷从宏观的视野述说沙河的过往，清理历史的遗迹，讲述客家的故事，描写熊猫的经历，抒写诗文的成华，回眸东郊工业文明的辉煌成就。街道卷则更多从细微处入手，集中挖掘与整理蕴藏在社区、在民间的历史文化片断。

历史潮流滚滚前行。成华作为日益国际化的成都主城区之一，随着城市化进程的深入推进，对生活在成华本土的“原住民”和外来“移民”，更加渴望了解脚下这片土地，构建了积极的文化归宿。此次大规模地全面梳理、挖掘本土历史，并以人文地理散文的形式出版，在成华建区史上尚属首次。这既顺应了群众呼声、历史潮流，又充分展现了成华人的文化自觉和文化自信。

“成都·成华历史人文丛书”是成华人对成华悠久历史、深厚文化的一次深邃的打量，更是成华人献给自身脚下这片土地的一份深情与厚爱！

书籍记录岁月，照亮历史，传播文化。书籍是人类精神文明的载体，中华数千年的历史文化传承，书籍功莫大焉。如今，中国人民正在追求民族复兴的伟大梦想，通过书籍去回顾历史、展望未来，乃是实现这一复兴之梦的重要路径。

身在“华阳国”中的成华人，也有自己的梦。传承悠久的巴蜀文明，弘扬优秀的天府文化，正是我们的圆梦方式之一。

这便是出版“成都·成华历史人文丛书”的宗旨和意义之所在。

张义奇　蒋松谷

序

成华区历史悠久、自古文化繁荣，且留下了数量众多的历史遗迹、文物等，它们都彰显了成华区的过去。尤其是圣灯寺，若我们浮光掠影，可能只知道一座寺院、几件文物而已。如果再深入探求，就不难发现，虽然圣灯寺不像主城区那样具有深厚的人文氛围，圣灯寺区域出现的人类刻痕却可追溯至春秋战国时代，那些出土的铁器证明了圣灯寺的人文历史。

圣灯街名，即来源于古圣灯寺。由于历史原因，圣灯寺的位置并不在现在的圣灯街道辖区，尽管如此，这里与圣灯寺仍有着不得不说的故事。

旧时，从猛追湾东行，远远地就可看见一座巍峨的寺院，这就是圣灯寺。其所依托的是一座山，名为圣灯山，此山为一浅丘，海拔并不太高。依山而建的圣灯寺，在成都东门外格外显眼。这是明朝的事。后来，寺院经过多次修缮，见证了这里的风风雨雨，并成为这一带的地理标志。不过，我们今天看成都的地图，常常是只知圣灯寺，而不知圣灯山。这座浅丘早已因城市建设的扩大而在人们的视野里消失了。如果我们翻阅嘉庆版《华阳县志》或者民国版《华阳县志》，就不难发现，在成都东郊一带分布着数量众多的山丘，它们各有自己的名字，只是多数都已不为今人所知，即使是这块土地上曾经的河流、堰塘，也只存在于老地图当中，如今还能看到的也已不多，这是圣灯地貌的大变化。

1990 年出版的《圣灯乡志》说圣灯地貌的情况：“地势东高西低，空中鸟瞰，大致如一折扇。乡内东部有少量浅丘，系黄泥黏土土壤结构，其余大部分为平坝砂土结构，少部为大泥地，土壤肥沃，适宜多种农作物栽种。水利资源极为丰富：东风渠由北向南流经我乡人民塘、东华、长林盘、崔家店四村，关家堰、圣灯、八里庄三村间接受益，浇灌着以上七村数千亩沃土。”这就决定了圣灯的发展样态是以农业为主的。

旧时在圣灯寺的附近数里之内是没有场镇的，也没有公路，只有一条从东北郊入城的“鸡公车”土路。虽然这里是农业区，圣灯人要赶场的话，还需步行数里，在它的周围有得胜场（即牛市口）、龙潭寺、青龙场等场镇。而一条名为“牛龙公路”的路从圣灯寺门口经过。因此，作为公共建筑的圣灯寺也就顺理成章地成了东郊的显著标志。

现在的圣灯寺除了历史遗存，还有唐代历史故事，这里曾挖出一块唐朝墓碑盖。这段故事存在于故纸当中，后来被挖掘出来，圣灯寺就给了人全新的印象。随着历史发展，圣灯寺也从乡村融入成都城区，尤其是在 1956 年，一些工业项目逐渐落户到东郊，形成了独特的工业区现象。这些企业的出现，让原本不太为人注目的圣灯寺变得越来越具有活力，由原来的农业区转变成了工业区，这也深刻地影响到这一区域居民的思想，使之发生了变化。

在东山的历史上，圣灯寺一带曾是客家人移居的地方（部分为湖广人）。那是可追溯到明清的一次大移民。客家人来到了东山五场，在此耕耘、繁衍，逐渐形成了客家文化区域。不过，1950 年之后，由于一些国营工厂、企业的相继入驻，这里成为成都重要的工业区。圣灯人的生活、语言、习惯等也受到直接或间接影响，并发生了许多变化，变得混杂起来。在对圣灯人进行深度采访时，不难发现，这里不仅有客家人，也有东北人，以及来自全国其他各地的工人，于是，这里就形成了一个特殊的“东山群落”。

20 世纪的 60—70 年代，圣灯人群的划分泾渭分明，但企业入驻的时间久了，就渐渐地有了融合的趋势。天南海北的人在这里工作、生活，也带给圣灯人新思维，这也是圣灯乡在 20 世纪 80 年代成为中国乡镇之星的内在原因。因此，在探讨圣灯寺文化时，不能不注意到这样的细微变化。

如今的圣灯街道以全新的姿态亮相，从农业村社向现代化都市跃进，这是划时代的发展。从历史深处走来，我们可以看到发生在这片土地上的种种故事，以微观的方式进入成都历史进程。圣灯在历史上有自己的辉煌，那是过去时，这样的故事相对于整个天府文化而言，未必有那么大的影响力。这是一种现实，正是基于这样的考虑，我在书写圣灯人文历史时，以小视角透视这大时代的变化，也就更容易凸显圣灯的历史厚重感。

时下社会浮躁，地方文化虽然受重视，在很大程度上却局限于民间打捞，让人感叹不已。但在圣灯街道，却有一群人不定期聚会，打捞圣灯街道的街道文化、民俗故事等，即使是粗线条的记录，也弥足珍贵。

从他们身上，我注意到圣灯文化的演变，若是没有这样那样的民间讲述，可能圣灯记忆很快会消失在历史烟云里。

在行脚圣灯的十个社区时，看到的是崭新的楼盘和街巷，这里已寻不见圣灯的昔日踪影。不过，这行脚与发现，逐渐揭开了圣灯街道的面纱。《圣灯寺》所做的努力，就是通过文字与图片来还原这一段消逝或即将消逝的人文风景。

2019年1月29日

成都市成华区圣灯街道示意图

青龙街道办事处

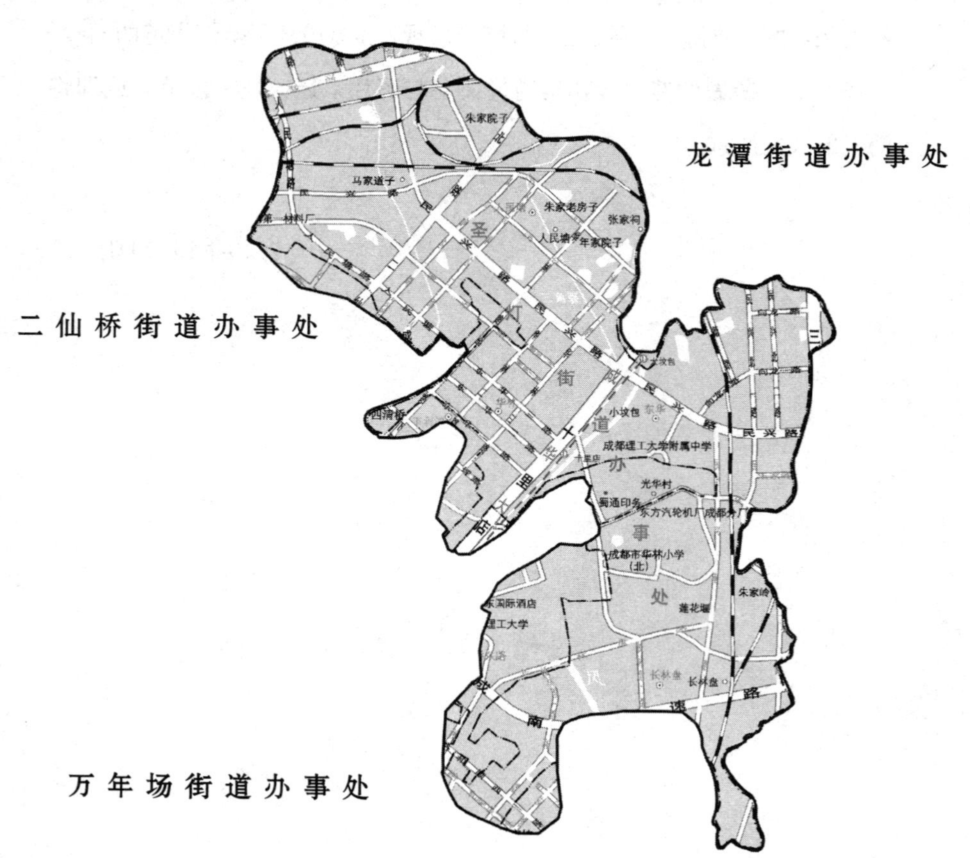

目录

圣灯在历史的深处

圣灯厂事

圣灯风物记

后记

话说圣灯

圣灯寺不只是一个地域概念，也是人文概念。圣灯街道的历史，需根据不同的历史时期来区分，但不管我们以怎样的眼光去看，这里从荒芜之地，到逐渐有移民来此居住，已形成了独特的历史文化区域。然而，当我们在仔细探究圣灯寺的过往后，可能会发现，其所承载的不只是历史叙事，还有更多的民间故事。圣灯寺这一区域的数千年演变，只是成都这座城市变迁的缩影。从这里出发，或许我们可以看到些许流光碎影，它们在昭示着，历史的变迁并不是偶然的，而是带着人情的温度。那么，我们就从圣灯寺入手探索这一文明吧。

关于圣灯的由来，也有多种说法。但到底哪一种与圣灯地区生活最相适宜呢？这需从当时的农业生活来“还原”寺院建设，并由此拨开历史的迷雾，让我们看到圣灯寺的旧影。

东山说圣灯

在民国的早年间，有一位外国人来到成都郊外，看见农田、山丘，以及耕种的人们，他用照相机记录下来，其中就有圣灯寺这一带的景致。

圣灯寺地处成都东郊，属于浅丘地带，这和成都的地质走向有着密切的关系。

从成都的地质水文来看，成都平原的地面走向是西北方高，东南方低。平原的东面和南面，被门槛似的龙泉山脉包围，平原上的大小河流被这道门槛所阻隔，只能从东北、西南两个出口流出。东山所处的位置正好是成都的东北面，得区位优势的便捷，这里沟渠遍布，丘陵起伏，长期以来以农业为主，形成了独特的自然环境。

所谓东山，客家文化研究先行者钟禄元曾撰文说："'东山'是蜀北华阳县的一块丘陵地，它的南北直径约40千米，东西约25千米。"这个范围包括隆兴场（龙潭寺）、保和场、西河镇、胜利场（琉璃场）、三圣场、大面铺、仁和场、同兴场，以及原成都县属青龙场、天回镇、三河场，新都县属泰兴场、木兰寺，龙泉驿的洛带镇等乡镇。

成都东山，亦有"五场"之说。这"五场"是：成华区龙潭寺（隆兴场），新都区石板滩镇（仁和场），龙泉驿区西河镇（西河场）和洛带镇（甑子场），青白江区清泉镇（廖家场）。这里且说圣灯寺，其原来就属于隆兴场的地域，后来因为区划调整成为保和公社的一部分，1961年3月，周边青龙、龙潭、保和的村社又进行调整，这才被单独列为乡镇，即圣灯乡。《成华农村概要》说："龙潭、圣灯、保和三个乡地势高于城区，被称为东山。"①我们在这本书里所说的"东山"仅仅就成华区而言，若从大的东山区域来看，圣灯则位于东山的边缘地带。

"圣灯"的得名，是因此地有圣灯山。关于圣灯山的记载不多见，它与这周围的山丘一样，并不是特别高的山，称之为浅丘更为准确。山脚下有一座寺院，名为圣灯寺，寺院旧址在今天的建设路二环路外侧。圣灯寺始建于何时？有一种说法是圣灯寺建于唐代，考察成都佛教历史记录，此说很快被否定了。民国版《华阳县志》记载："圣灯寺，又名观音寺，在圣灯山，明万历二十年（1592）建，清康熙时重修。"《成都佛教史》则记录得更为详细："一名'观音寺'，治东城外二十八里圣灯山，万历二十年（1592）建，清康熙四十四年（1705）重修。"②

那么，这座寺院为何取名圣灯寺呢？有一种说法是因寺内供奉的主要神灵是佛教的灯王菩萨（亦有说法为燃灯道人），不少记叙圣灯寺的文章，都持此种观点。这不由得让我想起宋代的范成大，在进入青城山时，诗人着重写了山道的清幽，"道左右多幽居，流水淙琤，

---

① 成都市成华区人民政府编：《成华农村概要》，四川人民出版社，2005年，第8页。

② 段玉明等著，成都市佛教协会编：《成都佛教史》，宗教文化出版社，2017年，第375页。

修竹弥望”；写了峰峦的壮丽，“丈人峰前，五峰峻峙如屏”；以及圣灯的奇观，并交代了关于圣灯的几种说法：“夜，有灯出。四山以千百数，谓之圣灯。圣灯所至多有，说者不能坚决。或云古人所藏丹药之光，或谓草木之灵者有光，或又以谓龙神山鬼所作，其深信者以为仙圣之所设化也。”而圣灯寺的来源与范成大的说法似有相似之处。

此外，关于圣灯寺还有三种说法：

（一）建成时，寺宇金碧辉煌，加之夕阳的余晖交相辉映，更显金光闪闪，好似圣灯照耀。

（二）一次水灾后，陷于饥饿困顿之中的百姓，得一贵妇人布施，渡过难关。为感谢贵妇人，百姓追她而去，但追至观音桥时却不见了踪影，众人由此联想到得道的观音菩萨，认为是观音所救，于是踊跃集资建观音寺。

（三）当时成都郊外民风不振，如盗匪猖獗、家庭不和等，状况百出。为扭转世风，抑制犯罪，便听取了“建一座寺庙，胜过修十座监狱”的意见，建寺以振民风。圣灯寺即为

▲ 圣灯寺手绘图　选自《成华文化地标》

其中之一。[①]

其实，这些说法，都有可能忽略了寺院修建的原初理由。我们不妨从相关的史料入手来进行考察。

清末出版的《成都通览》“成都之寺庙”一节，记录圣灯寺“在华阳县一甲之内”[②]。《成都市金牛区地名册》[③]对“圣灯寺”有如下的记录：“明代所建，清时重修，供奉观音和三圣母。”如果此说确定，那么，这个“圣灯”就有可能与三圣母有关。在中国古代神话传说里，她是二郎神杨戬的妹妹，持有宝莲灯，本领高强，且时常保佑一方风调雨顺。圣灯山附近地区多为农田，修建这样一座寺院其意自然是祈求平安、物产丰收。这就给了修建圣灯寺一个合情合理的解释。

圣灯寺是座四合院建筑。青砖粉壁，砖砌的八字墙（古建筑中，大户人家或者衙门等大门口左右两边呈八字形状的两面墙）山门，一条甬道直通前殿。前殿与大殿之间是宽敞的院坝，左右两边是厢房。穿过院坝就是大殿，大殿正中，一尊笑罗汉笑迎八方香客。

庙宇四周，竹林繁茂，田野交错，周围有环绕的矮墙和竹篱，行至其间，很有一番“厌倦江湖气，归隐山林中”的禅意。平日里，附近的乡民也有祈望圣灯高照以保平安顺遂的；因寺门外就是一条北上东进的大路，过往的商客也喜爱在寺里暂住歇脚，因此，圣灯寺总是香火不断。

---

① 成都市成华区地方志办公室编：《方志成华》，新华出版社，2017年，第98页。
② 傅崇矩著：《成都通览》，巴蜀书社，1987年，第40页。
③ 金牛区人民政府编：《成都市金牛区地名册》（内部资料），1983年。

研究圣灯街道历史文化的学者张云吉先生就曾明确地说，圣灯寺所供奉的绝非通常所说的“燃灯道人”，而是一座大众化的佛家寺院。学者谢桃坊曾撰文《圣灯寺遗址》，说到当时的圣灯寺：“当时圣灯寺门前，是从牛市口至青龙场的乡村大道，山门外围八字砖墙，入山门即能看到山门殿。”

圣灯寺繁盛时节，每逢节日都举行不同的佛事活动，除了圣灯祖师会之外，每个佛教纪念日也举行活动。每年的腊八这一天，圣灯寺同其他佛教寺院一样，要举行法会，斋戒浴佛，诵经说法，吃斋饭和河水豆花。这也是圣灯寺一年中最为热闹的一天，周围的乡民都会到寺院里吃腊八粥。到了春节，人们还要出门走天方（喜神方）。随后，老人们多就近到寺庙上香，祈祷丰收，家人无灾无病，国泰民安。这也是圣灯寺一年中香火最旺盛的一天。每年的农历四月初八，也被称为浴佛节，沙河沿线的各个寺庙有“龙华会”，僧人用鲜花五香水浴洗铜佛，给参与朝拜的信众开流水席斋饮，圣灯寺极为热闹。

在圣灯街道采访时，还会遇到不少在圣灯寺小学读过书的老年人，他们对圣灯寺的记忆，让我们仿佛看到了圣灯寺当时的概况：“我在那儿读书时，大殿和佛像还在，那建筑一看就是大寺院。可惜我们那时候年纪小，许多事都不记得，现在想想拆了圣灯寺，真的是可惜了。”作家郑光福就出生于圣灯乡，他在圣灯寺小学读了六年书，说起当时的圣灯寺，他如数家珍。

毫无疑问，圣灯寺在东郊人的心目中具有举足轻重的地位。1952年的成都市区划图显示，从牛市口到青龙场的大路，即通过了圣灯寺山门外。关于圣灯寺的情况，学者谢桃坊在《圣灯村的客家人》里有较详细的记录：

> 寺的周围有矮墙和篱笆环绕。进入山门，一尊贴金弥勒佛坐像迎人而笑，旁有木刻对联在佛龛上：“肚大能容万物，微笑看破人生。”这颇有哲理意义。佛的旁边是彩塑的四大天王像，造型优美，神态生动，非一般庸手之作。山门后有一条砖砌小径通往正殿，两旁是田地，种有粮食等物。主体建筑由四合院构成，皆青砖粉墙，甚为坚固。前殿与后殿之间为院坝，两廊为住房；后殿有台阶上去。整座寺庙有精致幽静的特点。四周是古树和田地，还有一座高大的皇坟。庙产有土地八亩，皆在寺内。20世纪40年代有一名和尚住持，俗姓李，人称李和尚，其兄即踏水桥边的李家元。李和尚吃荤，因庙产不多，不收弟子。

这里所说的皇坟，即圣灯山。这圣灯寺在东郊人的记忆中也是别具一格。对大多数圣灯人来说，圣灯寺不仅是一座寺院，1949年后即作为农协会办公处，后改为成都市郊区东城乡政府办公处、圣灯乡粮食仓库和建设路小学。

再来说圣灯寺所在区域的变化。圣灯寺所在的华阳县系唐置县，清末时圣灯寺属于华阳县一甲，原来为华阳县保和乡第八保，1949年之前属成都第一行政督察区。1950年至1951年，圣灯属华阳县第八区，随后划为成都市第四区，此后在行政区划上多有变更。1961年3月，成都郊区金牛区下辖十七个人民公社，“圣灯寺”第一次作为人民公社出现在成都市行政区划当中。其组成部分包括龙潭公社的中华管理区（后圣灯乡东华村、人民塘村），保和公社马鞍管理区（后圣灯乡新鸿村、猛追湾村），青龙公社的铜春管理区（后圣灯乡八里庄村、圣灯村），太平管理区（后圣灯乡关家堰村、崔家店村）。

1966年6月，金牛区区划调整，将原保和公社辖内团结大队第四、五、六、七、八生产队及圣灯公社东华大队第一、二、三生产队划出，组建为圣灯公社莲花大队（长林）。

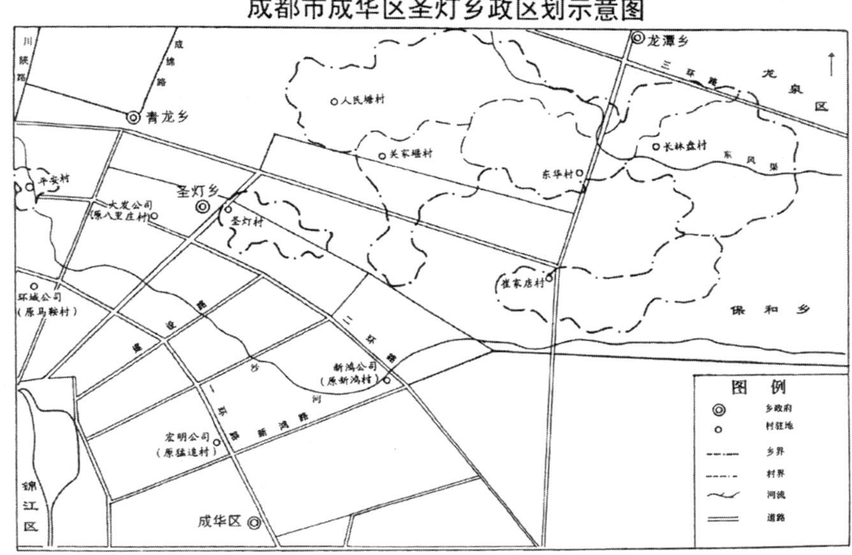

▲ 圣灯乡示意图　选自《四川客家历史与现状调查》

1983年5月，圣灯公社改为圣灯乡；1990年10月，成华区成立，圣灯乡划归成华区管辖。1993年8月，圣灯地区建立中共圣灯街道工作委员会、圣灯街道办事处。新成立的圣灯街工委、街道办事处与圣灯乡党委、圣灯乡人民政府合署办公，内设机构不变。2004年8月，圣灯乡人民政府建制撤销，圣灯街道办事处接替圣灯乡的工作，成为成华区四个涉农街办之一。当年10月，圣灯街道办事处“撤村建居”。圣灯街道也多有变化，《圣灯乡志》记载：“建社初期，公社机关所在地位于现圣灯村一组大院内，1963年迁到成都市第六人民医院侧，1968年迁到二仙桥。”

就这样，圣灯寺开始了新的历史篇章。

岑春煊的到访

岁月悠悠，山川依旧，纵横交错的河流在东郊的土地上流淌。在历史长河里，圣灯寺属于华阳县隆兴场管辖，在这里居住的人们多数时间过着舒适的农家日子，日复一日，并没有多少变化，哪怕是朝代更替，对圣灯寺的影响也不是很大。从华阳的诸多史料中难以看见圣灯寺的身影，这就不难猜出，这里的生活或许可以理解为是安逸的，并没有特别重大的事件值得史学家们记下一笔。

当时间进入到清朝末年，这种安逸的生活方式就发生了些许改变，义和团运动在全国闹得沸沸扬扬，而苛捐杂税的增加，则让生活在东山一带的农民生计艰难起来。1900年9月，奎俊任四川总督兼署成都将军时，就面对这复杂的局面。清廷下旨严斥奎俊："何以平日漫无察觉，致令逼近省城各处，实属异常疏忽。"光绪二十七年（1901），廖观音在新都石板滩跟着曾阿义学神拳，借宗教之名宣传反清灭洋的活动。这位廖观音，也被称为廖九妹，从小就学习武术，后加入"红灯教"，因其身着月白短衫，头顶青巾，一派"观音"装束，就被当地人称为"廖观音"。廖观音经过几年的发展，人马越来越多，华阳县知县数次派兵围剿，都损兵折将。

1902年，东山大旱。贫苦饥民选择团结在廖观音的周围。就这样，"红灯教"在川西坝子的影响越来越大。张力在《四川义和团运动》里说：奎俊当时"燕处深衙，束手无策"，在督署大堂左右安设

“格楞炮”二尊，并在其内室筑有夹墙，备有饮水、食品，以备阖家藏匿。[①]无疑这是最坏的打算，这也说明了当时的“红灯教”在成都平原上的势力实在不可小觑。

在这种背景下，1901年的10月，岑春煊从山西调过来，接任四川总督一职。

岑春煊（1861—1933），字云阶，号炯堂老人，曾用名云霭、春泽，广西西林人，云贵总督岑毓英之子。1901年任山西巡抚，创办山西大学堂。后署理四川总督，旋署两广总督，在任内，他积极推行新政，大举惩办贪官，有“官屠”之称，与直隶总督袁世凯并称“南岑北袁”。

岑春煊来到成都，就面临着复杂的局势：廖观音不断进逼成都，“还到青羊宫警察所夺枪，冲进督部大堂走马，省城市面一日数惊”……岑春煊征调官兵将昭觉寺、东大街府城隍庙、五世同堂街寄宿的流民押往郊外，以通敌暗探罪名处死。岑春煊这种枉杀无辜的做法，让成都民众恐慌起来。这里要提到其幼年塾师赵藩。赵藩（1851—1927），号樾村，云南剑川人。他在云南时，曾在云贵总督岑毓英幕府任文案，并应聘教授过其子岑春煊，是岑春煊的启蒙老师，且与岑春煊有兰交之谊。他对岑春煊的做法很不赞同，就在1902年的冬天写下著名的对联“攻心联”——“能攻心则反侧自消，从古知兵非好战；不审势即宽严皆误，后来治蜀要深思”送到武侯祠悬挂，请岑春煊前往武侯祠观联，以示警喻。不过，这副对联并没有触

① 张力著：《四川义和团运动》，四川人民出版社，1982年，第94页。

动岑春煊。赵藩在游春时，再请岑春煊到武侯祠赴宴，当面点破。岑春煊从此受到启发，渐渐地改变了治理策略。

由于廖观音所率的“红灯教”持续向成都发起攻击，成都处于危险境地。不仅如此，“红灯教”还曾杀进城里，闹得人心惶惶，就连繁华的几条街巷也呈现出萧条的景象来，有的商人干脆躲到乡下避难。十月初旬，“红灯教”在太平镇（今双流区）一带集结力量，占领了银家坝、圣灯寺、钓崖子、大面铺等地。因此，龙潭寺、圣灯寺等地的老百姓生活也受到战乱的影响。到了第二年的夏天，成都郊外圣灯寺、踏水桥一带的菜农，以及制豆腐、豆芽的农人不敢进城做生意，城内居民吃不上蔬菜，怨声载道。东郊的蔬菜影响着成都人的饮食。《成都通览》“成都城内菜园菜市”记载：“成都土地肥沃，近城一带，蔬菜繁盛。城外则城根周围一带，皆近濠菜畦也。城内之隙地种菜者数十户，然城内之菜不及城外之美，因城内地质卤质重也。”①

虽然现在我们已无法确知，当时圣灯寺这一区域的豆腐坊制作豆腐的详细情形，但从影响到成都人的日常饮食这一情况来看，无疑是颇具规模的。正是考虑到成都的生活稳定，才有了总督岑春煊亲自到圣灯寺调查菜农、豆腐生产情况，从而给圣灯寺留下了一段有温度的人文佳话。

胡玲在《岑春煊参拜圣灯寺》一文里记录：“从东较场月城出城过府河，沿田间鸡公车道直奔踏水桥。途中，幕僚指指点点，介绍沙

① 傅崇矩著：《成都通览》，巴蜀书社，1987年，第34页。

河民情习俗、掌故轶闻。”在路上，即有人介绍圣灯寺内有一口井，蜀藩王的爱妃曾来寺院敬香，在井旁荷花池吃了井水浸泡的莲藕，甘美沁心，大加赞赏，所以留下贵妃井的传说。“总督丁宝桢下乡劝农，赞誉井水沏的东山茶芳香宜人，有阿谀的人提议把井名改作宫保井，丁督闻听，严斥那个拍马者，还传为佳话。”[①]丁宝桢是晚清的一代干臣，在四川做了不少诸如兴水利、劝农耕、清盐政、减赋徭的事，很受成都人的爱戴。因此，岑春煊就有了走访圣灯寺祭拜丁公之举，这也包括了向其前任丁宝桢学习的意思。

胡玲写道：“过了踏水桥，就到圣灯寺。佛寺被松柏簇拥，小径石磴宽阔，藤萝攀附，红墙环绕，小溪叮咚，殿宇虽雄伟而冷清，香火不旺。他们上香后，就有住持请客人到偏殿旁荷池石桌上用茶。”由圣灯寺现在的位置可知，踏水桥位于现在的桃蹊路街道，而圣灯寺则位于建设路二环路外，其距离不是简单走几步就能到的，因此，岑春煊到圣灯寺过问菜农的情况，无疑是起到了安定民心的作用。

岑春煊十分体恤下情，在圣灯寺里，详细询问了菜农们的生产情况，尤其是制作豆腐、豆芽等豆制品，他所得到的答案是：“时局不宁，枉及无辜，乡民半夜起床磨浆，制出豆腐，凌晨进城销售。孰料触犯肃境秘令，进了枉死城。连累本寺已三月未办豆腐素斋了！”

然而，此前在岑春煊的眼里，官府所派的人员都是官府的密探，岂料下面的官员将世代挑水磨豆腐的手艺人当成了嫌疑人员抓起来，以至于城内蔬菜供应紧张。

① 冯广宏主编：《成都沙河话古今》，中国三峡出版社，2002年，第101页。

岑春煊回到衙门之后，立即召见华阳知县，“将拘押的豆腐作坊妇孺子女释放，每年还发放三斗黄豆，退还被扣生产工具，劝其复业”。对圣灯当地乡民来说，卖豆腐和蔬菜皆是日常营生，一旦断绝了销售之路，生活也就成了难题。

正是有了岑春煊的支持，圣灯寺一带的豆制品生产才得以恢复，豆腐才重新回到城里人的餐桌上。

这一段岑春煊访菜农的故事恰好说明了，圣灯寺作为农业生产基地，对当时的成都城区生活是有影响的，且有着举足轻重的地位。而岑春煊的到访，也从侧面给圣灯寺的人文气质做了注脚。

成都男师抗战迁校

成都偏居于内陆，居住在这里的人们向来过着安逸、舒适的日子。然而，在抗战时，成都虽位于大后方，生活在这里的人们日子也不太平了。

在全面抗战初期的1937年11月，国民政府相继在重庆、西昌、桂林、西安和天水设立国民政府军事委员会委员长行营或行辕，作为最高统帅部的派出机构。1939年，原设在重庆的四川行营迁到成都，为抗战时期成都的最高政治军事机构。在战略地位上，成都此时显得尤其重要。对普通老百姓来说，抗战的最大感受，是安逸的生活因日军的轮番空袭变得凌乱起来。1938年11月8日，成都遭遇首次空袭，日军出动18架“黑寡妇”，在凤凰山机场、太平寺机场投弹超过百枚。从此至1944年12月18日止，日军先后对成都实施了31次大轰炸，出动飞机921架次，投弹2455枚，造成5337人死伤，炸毁房屋1.5万余间。[①]这种大轰炸对成都城区的破坏无疑是巨大的。

成都损失最为严重的一次空袭是1939年6月11日。当天下午7时30分，日机27架夜袭成都，在盐市口一带（提督东街、春熙西路、青石桥街、丁字街）投掷炸弹、燃烧弹百余枚，数处起火，造成火灾，大火烧至午夜才被完全扑灭。各街巷“弹坑累累，到处破屋颓垣，

---

① 王苹、许蓉生、胡越英编著：《成都与抗战时期的中国空军》，四川大学出版社，2015年，第119页。

大火蔓延，浓烟遮天蔽日……”无疑，没完没了的大轰炸让成都再无宁日。

我们不妨从时人日记看看这一系列的大轰炸。叶圣陶先生1941年7月27日日记云：“傍晚，开明学徒江成根来，言少城公园炸死人甚多，园之周五街巷皆有落弹，南门大街及东门西门，亦有被炸处。则敌机今日之目标，盖为城区也。其机之列队，云成人字形，故所被者广。月樵店中有三学徒皆避入公园，一死，二受伤。农人张青云回来云，罗家碾、苏坡桥均死人不少，殆系死于机枪。乡间亦复如是，孰可虑矣。”[①]在这种情况下，成都学校、民众均从城区外迁。

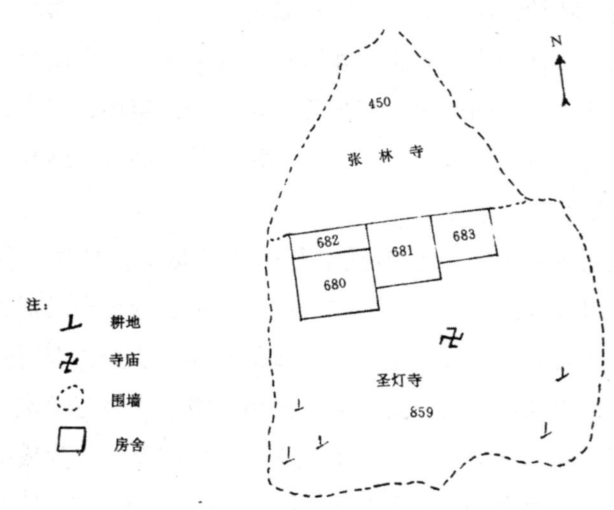

▲ 成都男师圣灯寺校舍平面图　选自《成都师范九十年》

① 叶圣陶著：《叶圣陶抗战时期文集》（第二卷），人民教育出版社，2005年，第190页。

在成都首次发生大轰炸的两天后，四川防空司令部发布了《成都市人口疏散办法》，规定：以成都市为中心，距城三十华里为半径的圆周之乡镇，划为避难区域。第二年，因空袭频繁，四川省发布急令，要求省会成都的各学校于5月15日前停课疏散。而四川省立第一师范学校（简称成都男师）校址时在盐道街（今盐道街中学校址），正位于市中心，亦需外迁。（1935年，学校大兴土木，推掉旧有房屋，拆掉八字龙门，搬走门前石狮、假山亭台、曲径桂竹，靡有孑遗。这时的校园变成几条大马路和几十间平房。）

作家周明生曾撰文："成都东山沙河两岸迁来的中小学就有十所之多，比如：独柏树小学落脚李家沱附近，商业场小学落脚踏水桥东北侧，华阳北小迁到今新鸿路，建国小学迁到猛追湾东南侧，白庙子小学迁到今新华公园西南角，五显庙小学迁到万年场，多宝寺小学迁到万年场东南二里，大成中学迁到踏水桥正东里许，志诚高级商业职业学校迁到猛追湾街东北。"

这里且说成都师范。此时的成都师范还是由各自独立的两所学校构成：四川省成都女子师范学校（简称成都女师）和成都男师，这是四川省创办最早的中等师范学校。成都女师的前身为淑行女塾，于1904年创办；成都男师的前身为公立四川优级选课师范学堂，创办于1906年11月。这两所学校和幼儿师范学校于1970年合并为成都简易师范学校，第二年改名为四川省成都师范学校。在1939年5月，成都女师奉命疏散到彭山县，校本部在彭山南门左边文庙，而成都男师则奉令疏散到新东门外的圣灯寺，以此为临时校址。

成都男师从盐道街搬迁到圣灯寺的过程，现已很难看到相关的史料记载。从学校其他外迁记录来类推，在短短的时间里，学校既要整顿校舍，又要照顾到学校的方方面面，确也并非易事。

关于临时校舍，《成都师范九十年》里记录："圣灯寺离城几里，庙内房屋不多，只能容纳图书、仪器和医疗药物的储藏。教室、礼堂、办公室、厨房等，全是新建的非常简陋的草房。后租佃圣灯寺侧贺庆余堂管业的水田和旱地五亩多，平整后作运动场之用。"[①] 从成都男师圣灯寺临时校舍平面图中，我们可以看到在圣灯寺的周围分布着众多农田。不仅如此，男师把其旁边的寺院张林寺也囊括了进来。虽然我们今天已经无法看到当时的校舍情况，但这无疑是一个相对完整的校园。

谢桃坊曾在《圣灯村的客家人》里记录彼时圣灯寺的情况："抗日战争时期，成都师范学校迁此。男学生着芝麻色学生服，有领章，戴学生军帽；女学生剪短发，着学生蓝旗袍，黑袜布鞋。他们都住校，院内设有篮球场。星期日或晚饭后，学生们在田野散步，或坐在田边看书。这种新文化给古旧的乡村带来了现代生活的气息。"

位于乡间的成都男师，所面临的生存环境与城区亦有所不同，走出校门外，就是成片成片的农田，这里却依然是书声不辍，为成都的未来教育培养了各类人才。在圣灯寺时期，成都男师始终是按照学校的招生计划在进行，不曾因大轰炸而有所中断，这不得不归功于当时的两任校长：陈彰祺（1938—1942）、胡忠智（1942—1946）。

① 成都师范学校编：《成都师范九十年》（内部资料），1994年，第399页。

即便是抗战时期，作为大后方的成都也着力教育培训。单看当时的四川教育方略，就知师范教育此时变得举足轻重。1939年12月，四川省政府训令："本省廿九年试行新县制，乡、保、镇长均须教育人员担任，为培养是项基干兼教育人才计……教育部暂准师范学校招收同等学力生15%，入学年龄提到25足岁。"而教育部电："招生同等学力生办法……并得招收在18岁以上而有小学教师一年之经验者。为培养该省新县制基干及教育人才计……广招一年制简易师范科，以应需要。"①

根据当时的教学计划，1940年夏，成都男师实行军事管理计划，成立军事训练团。以校长为团长，以训育主任为副团长，团以下分设若干中队（每班为一个中队），每中队有指导员一人，由各班级主任担任，有中队长一人，由学生担任。训练团成立后，四川省军管区派主任教官张绍龙、教官罗策、军训助理谢克俊等到校担任军训人员，负责军训事宜。②这种半军事化的教学法是为应对未来战争之需。对成都男师的师生来说，这是一段让人难忘的日子，毕竟从前的平静校园生活不再。可惜的是，后来留下来的关于这段时间情况的记录十分稀少。我曾采访过一些相关人物，对成都男师在东郊的记忆，很少有人涉及，这不能不说是遗憾的事。

抗战时期，成都各学校也面临着诸多困难，尤其是物价飞涨，让不少学校举步维艰。1940年10月，男师校长陈彰祺给省教育厅厅长郭有守的报告里说："办公费用中之消耗一目，每月预算系分配

① 成都师范学校编：《成都师范九十年》（内部资料），1994年，第217页。
② 成都师范学校编：《成都师范九十年》（内部资料），1994年，第223页。

158元，就薪炭一项，每月平均需用黑炭47担，计合705元，就灯油一项，每月合计219.2元……学校无力支付，业将用水改用冷水，饮水照常供应。所用灯油，万不可省……实在不敷甚巨……请予追加消耗费219.2元……”早在同年4月，省政府即在训令中说：“各县简易师范学校或简易乡村师范学校经费，较初中短少，致无以发展，且有缩减学级者，影响新政。”[①]虽然如此，成都男师还是多方谋划，让学生有书读。

自成都男师迁往圣灯寺后，1939年4月和1941年7月，原校址遭日本侵略军飞机轰炸，校舍毁损多处。位于盐道街的校址曾在1944年1月借给空军通信学校（1941年在成都创立）暂住。

1945年，抗日战争胜利后，空军通信学校拒绝交还校地，引起成都男师师生不满。将近百名学生自发组织起来，从圣灯寺出发，身背书包，高喊口号，唱着《义勇军进行曲》列队到达盐道街原址门前，要求交还校地。这一做法遭到空军通信学校的武装守卫拒绝，遂引起一场争斗，在这个过程中，少数学生受伤，这被当时称为“复校斗争”。

随后，全校师生罢课抗议，要求严惩凶手，赔偿损失。在成都男师迁校遭到打压之后，成都的一批大中学校纷纷响应，起来声援，支持成都男师复校的做法。

此后不久，空军通信学校只得搬离盐道街，成都男师于1945年9月18日迁回盐道街校址，结束了学校寄居圣灯寺的日子。

① 成都师范学校编：《成都师范九十年》（内部资料），1994年，第362页。

10月17日，蒋介石又急电四川省主席张群称："据报四川省立成都师范学校与航空通讯学校（空军通信学校）发生冲突后，成都民主同盟及青年党负责分子陈晓初认为有机可乘，企图扩大事态，策动该校学生向各大中学请愿。现有济川、甫澄、川大、华大等校纷纷响应，并开会决议集合全市游行示威，要求惩凶、赔偿损失、赔偿医药费及道歉等项。希妥为处理，勿使事态扩大为要。"

今天有文章在写到成都男师迁圣灯寺时，认为此时的校长为著名教育家张秀熟，然而，《成都师范九十年》里对此却没有相关记录。

张秀熟后来在《半生自述》里说："这段时期我的公开身份仍然是教员，主要在省师教国文，也在协进、天府等中学兼课。"1959年，张秀熟写了首词《沁园春·春节后二日游东北郊》，他说："抗战初期，敌机狂袭成都，学校疏散，我亦随成都师范师生迁于东郊圣灯寺，昼夜常跑警报。"词里写道："漫步龙潭，满怀兴奋，忽忆前仇。记蒋帮误国，招来日寇，后方无备，敌弹乱投。跳蹬河边，圣灯寺畔，空有书生锐志遒。夜惊起，听荒凉四野，哀声沉浮……"

成都男师搬离圣灯寺以后，这里恢复了昔日的宁静。但以圣灯寺为校址，很快办起了公立的"圣灯寺国民小学"，这所学校后来更名为"成都市望江区保和乡圣灯寺小学"。1978年底，学校初中戴帽，更名为"成都市东城区建设路小学"，这里依然是书香萦绕。刘小葵在《建设路小学：一粒火种的光华绽放》里说："1994年，旧日圣灯寺在学校里的最后一点痕迹——见证过学校发展变迁历史的一株泡桐树，枯萎倒伏。"圣灯寺在今天只留下了一个看似普通的地名，述说着这段历史过往。这让我想起诗人龙郁的那首名为《圣灯寺》的诗来：

没见过圣灯，也没见过寺
更没见过文殊菩萨身影
这儿曾经只有一座座国防军工厂
生产出的特殊产品……
而这些产品
肯定与烧香拜佛扯不上关系
这儿，是一只只笼子
可腾笼换鸟后
军工厂内，飞出了一幢幢电梯公寓
而我们就住在一个地名中
——圣灯寺
我们在圣灯寺
喝酒、吃肉、谈情、说爱、结婚
而无家可归的菩萨们
对这一切，竟然不闻不问
只偶尔看见有人沙河边点燃香烛
祭祖，也顺便敬神……

成华区命名与圣灯寺

在圣灯的历史上，地名的演变也有着独特故事。东城外的连绵起伏的丘陵地带，从明朝万历时代开始，就逐渐以圣灯寺为标志，其周边分布着如牛市口、龙潭寺等场镇，但圣灯寺独特的地位是场镇无法替代的。多数时间，它是这一区域的精神象征，因此来烧香拜佛的人络绎不绝，形成了独特的人文景观。

成都的区划从1949年之后就不断地发生变化。当成华区新成立时，圣灯寺作为城东的亮点多次被提及。1990年，成都区划作出调整，将东城区、西城区、金牛区划分为五个城区，即金牛区、锦江区、青羊区、武侯区和成华区。这次区划调整是成都城区的一次大变革。金牛区最初为成都郊区，而新成立的成华区，则是由东城区和金牛区的部分乡镇划分出来的部分组成的新区。

那么，这样一个新区应该取什么名字更为恰当？在区划未确定时，曾有多位地名专家为即将成立的新区提出一大堆备选的命名方案，经过筛选，几个备选方案得到了普遍认可。它们分别是："昭觉区""沙河区""圣灯区""建设区"，这几个名字各有侧重点，也可以说是从不同的侧面突出了这一区域的内涵。

定名"昭觉区"，是因为区里有著名寺院昭觉寺，该寺有川西"第一禅林"之称。其历史文化悠久，正可以彰显新区文化底蕴深厚。这就像武侯区、青羊区的命名一样，是着眼于历史文化的传承。

之所以取名为“沙河区”，那是因为流经新区里的沙河，是可以和锦江媲美的河流，且其流经的区域80%位于这个新区，像锦江区那样以河流命名，自然也有几分道理。

然后是“建设区”，此命名看上去与建设路有关。建设路原名猛圣路，于 1951年建成，西端起于猛追湾（传说因当年张献忠兵败之后，受到大慈寺和尚兵追赶到此地，乘船脱险离去而得名），路东端止于圣灯寺。这也是东郊联系城区的交通要道。取名为“建设区”，还因为1956年后不少大型国营企事业单位迁到了东郊（圣灯寺至猛追湾一线），如成都量具刃具厂、成都机车厂、电工器材厂、轴承厂、国光电子管厂、亚光电工厂、锦江电机厂等多达160户企业。与此同时，中国第一所电子工业大学（今电子科技大学）也建在了东郊。医院、百货公司、饮食商店等相继开业。这样，成都东郊形成了一个以电子工业为主体的工业片区，成为国家三线建设的要地。东郊的建设、发展使成都市由一个单纯的商业、消费城市发展成一个工、商、农并举的复合型城市。1965年，这条路被改名为建设路。对东郊来说，建设即是在路上，这也显示了新区的朝气。

说到“圣灯区”，当然与圣灯寺有关。当时的成都人，出了猛追湾，就可以看见东郊的标志性建筑——圣灯寺。圣灯寺在这个新区的地域内，而且辖区内的圣灯乡是全国百强乡镇，乡镇企业发展在全国居于领先地位，在全国有较高的知名度。以此命名，当然是为显示成都新经济的力量，要知道，东郊工业区可都是位于圣灯寺周边的，就其当时的名声而言，在成都城区是无可取代的。或许正如工人作家王金泉所说的那样，圣灯寺是建设路的原点。

张义奇先生在《沙河流年》里说："在老成都人的心中，圣灯寺不是一座寺，而是东郊工业区内的一大片地域的总称，包括了建设路、厂北路直至二仙桥一带。人们但凡说到某人在东郊某厂工作，总是统统以圣灯寺而代之。"很显然，圣灯寺不是一个点，而是一个区域。因此命名为"圣灯区"是恰如其分的。

张云吉先生在采访中也谈到过成华区的命名："圣灯寺当时是成都的地标，虽然寺院改成了学校，但我们说东郊，过了猛追湾，到二环路时就看到了圣灯寺。过了这里，才能看见各个工厂。若是新区取名为'圣灯区'，也很有文化分量。虽然与昭觉寺相比，圣灯寺的名气可能没那么大，但其影响力在当时的东郊几乎还没有哪个地名可取代。"

不管怎样，围绕着新区命名，不同的专家学者都贡献了自己的智慧。这样的探讨无疑是对成华区人文历史的一次仔细梳理。虽然这几个备选名字都无一例外地没有被选中，最终"成华区"成为定名，但这个名字似乎不能用"成都县、华阳县"的简单组合来给以解释。

对于"成华区"这个命名，作家郑光福曾撰文《闲说"成华"》，写到成华区成立时，他曾采访过时任区长的叶学东。叶学东给出的解释是："成都县、华阳县是唐以来成都地方历史行政区划的县名地名，但新区这片土地又包括不完。正确的解释应为：一是从历史沿革来看，这个区是成都县和华阳县交界地区；二是从中华人民共和国成立后地域特点来看，这个区还是成都高科技的电子工业区，有不少大中型企业、厂矿，有总投资近百亿的固定资产；区内还有全国重点院校，如电子科技大学、地质学院等六所大专院校；还有中央省市科研单位三十多家，研究门类多、设备先进，人才济济。不言而喻，这里有成都‘工业精华’之称。‘成华’二字内涵还很丰富……”

1990年7月18日，成都市人民政府以“市府发〔1990〕141号”文件阐释了成华区名的缘由：

以“成华”名区有较好的地名基础。该区境域在历史上分属原成都县和华阳县，且在地名上亦有反映。如直至1957年才撤销的原华阳县“成华乡”（并入今保和乡）和今龙潭乡境内的“成华桥”“成华堰”等，皆因地处原成都、华阳两县交界处而得名。

“成华”指代成都、华阳，是原成都县、华阳县名称的简写，也是成、华两县作为具有悠久历史的行政地域名称恰如其分的反映。

“成华”一名内涵丰富。古文中“华”又与“花”字相通。从深层联想，“成华”一名中蕴含有“成华之花”或“成都之精华”，这样就将“成都现代工业精华之区——新兴的电子工业集中地”这一层意思转注于区名之中，从而使成华区名更显雅致。①

自此，成华区的命名尘埃落定。从这一场命名当中，我们看到，圣灯寺作为地名具有的含金量是不容低估的。不仅如此，在以后的岁月里，不管成华区的行政区划如何变化，“圣灯”作为地名始终存在于成华区的地图中，并成为成都人的永久记忆。

① 成都市成华区地方志编纂委员会：《成华区志》（1990—2005），新华出版社，2014年，第546页。

徜徉在圣灯文化里

在圣灯的文化史上，远古时代有着较多的空白，甚至在1949年前的记录中也是相对缺乏的。从圣灯街道现在留存的客家人的家谱中可以知道，在“湖广填四川”之前，这一块土地多数是有主人的，至于这些主人的身份今天已很难知道。客家人来此居住，使圣灯不只是“可耕种的土地”，也有了客家文化的流播，从而给东山增加了文化内涵。

在叙述圣灯的文化时，更多的历史记录聚焦于新的历史时期，由于圣灯长期处于农业区，文化虽然有所留存，却是依附于城市而存在的，并没有形成独特的文化。直到20世纪五六十年代，一批国营工厂进驻圣灯，改变了圣灯单一的农业生产历史，并逐渐使这一区域朝城市化方向发展。

杂居地：多元文化的交融

历史上，成都东山在明代之前还是荒僻之地。谢桃坊在《成都东山的客家人》里论述："它是作为墓葬、采樵、狩猎和放牧的，也作为军队练兵的场所，居民是很少的。明代末年四川陷入多年的战乱，经济遭受到毁灭性的破坏，人口锐减，经历浩劫。"[①]即便是靠近外东的圣灯寺也不例外，在我们追溯圣灯人居住的历史时，大多可追溯到明末清初大移民这一段。

圣灯街道所处的位置正是"东山"与城区接合的边缘地带，因此，这里所居住的人，以前有许多是清朝时的外地移民，他们属于客家人。不过，现在的圣灯街道辖区不仅有客家人，还有其他迁徙到这里的居民。《成华概览》一书里曾这样记述成华区的人口构成："成华区的民族迁徙也是以汉族为主，清朝以来本区人口迁徙有两次是较大的。一次是清朝初期客家人从广东、广西、湖南、湖北、福建、江西等迁徙来区定居务农的约八万人；另一次是20世纪50年代从北方及沿海搬迁到区内兴建工业基地的产业工人达十余万人。两次大的迁徙提升了全区农业、工业生产技术水平；民俗生活文化也出现了多元化方式，对区内经济等其他领域产生了重大影响。"

1943年，东山客家研究的先行者钟禄元在《东山客族风俗一瞥》

① 谢桃坊著：《成都东山的客家人》，巴蜀书社，2004年，第11页。

（原载《风土什志》创刊号）一文里说："'东山'是蜀北华阳县属的一块丘陵地，它的南北直径约40千米，东西约25千米，约占华阳县全面积三分之一强，为华阳县属第一区直辖地，包括乡镇有隆兴镇、保和场、西河镇、得胜乡、三圣场、大面铺、仁和场、同兴场等乡镇。高于成都平原不过三十公尺（米）到五十公尺（米）左右，地质属黄土层，甚肥沃。主要农产品是谷子、玉蜀黍、大麦、小麦、大豆、高粱等，出产甚丰，海椒、芝麻尤为其特产。住在这块丘陵地上的人们，纯粹是客家人。"

我在圣灯街道的多个社区采访时发现，居住于此的老居民还是以客家人为主，他们的生活习俗也还是与客家传统有关，一些年龄在六七十岁的客家人还会说客家话，清明节、春节等传统节日时，还是按照客家人的习俗过，他们说起父辈生活，艰辛而又洋溢着幸福。在1949年之前，圣灯这一片区以务农为主，由于缺乏水渠灌溉（这也是后来兴建东风渠的缘由），只能靠天吃饭，为了解决种地和生活用水的问题，这里兴建了许多堰塘，比如人民塘、关家堰、拔毛堰、双巴堰、莲花堰、卢家堰、梯子堰等诸多地名就与堰塘有关。

对东山客家人的认识和研究，近年来逐渐引起四川学术界的关注。圣灯街道的客家人多来自广东一带。以圣灯村为例，谢桃坊在《成都沙河客家的变迁》里说："此村处于成都东郊工业区，全村作业组7个，耕地788亩，总人口2121人，其中客家人约占70%，客家姓氏有苏、严、李、六、黄、曾、郑等。自1989年，四队、七队、十队、三队逐渐转为非农业人口，2002年时尚有土地约百亩，现在已完全城市化了。村原有土地，南为白沙土，北为黄土，土质较差。水源一是用沙河筒车水，一是用青龙场中沟余水。现在圣灯寺一带是工业区和商业区，村民住在偏僻的居民区里，民居是90年代以来建造的，在这里寻找客家人同样是困难的。”[①]这里所述为2002年7月间的情状。

《成都东山的客家人》里有一组数据显示，2000年前后，东山客家人口为467739人，而圣灯乡仅有10003人，在成都客家人居住的25个乡镇当中，数量不算最多。不仅如此，这个数据在今天还有所下降。

这种变化，归根结底是圣灯寺片区位于成都近郊的缘故，正如同谢桃坊所言：“成都东山的客家人曾在清末民初不断向西发展，进入成都平原，在近郊沙河一带定居，从事农业生产。沙河的入水处洞子口即有客家人，沙河地区的双水碾、青龙场、踏水桥、法华寺、八里庄、圣灯寺、关家堰、跳蹬河、多宝寺、杉板桥、五桂桥等处客家人约占居民的40%至60%。平原地区土地肥沃，灌溉便利，农产量高，客家人在此生存繁衍；他们比东山客家人要富裕一些。新中国施行第一个五年计划以来，成都工业迅速发展，特别是新时期以来成都向现代化都市发展，沙河一带仅见宽阔的街道、密集的社区、商贸市场、工厂、商店、学校，成为新的经济发展区了。这里原有的田野不见了，农民转为居民了，客家文化消失了。原来的客家人不再说客家话，他们的子孙则完全异化了。”[②]

① 谢桃坊著：《成都东山客家研究（上）成都沙河客家的变迁》，天地出版社，2005年，第167页。

② 谢桃坊著：《成都东山的客家人》，巴蜀书社，2004年，第116页。

随着城市经济的发展，近郊地区也很快纳入成都的城市经济圈，而圣灯寺就是在这样的背景下融入城市生活当中，原来的乡土概念被打破。如此，“遗憾地见不到东山客家风光，听不到古老而特殊的客家话了”。

工厂人口迁移是从1953年开始的，一大批如电子、机械、化工、冶金、纺织、建材等行业的骨干企业（其中包括十多家大型军工和军工配套企业）在这不到四十平方公里的土地上生根发芽。其中有一些企业就在圣灯境内。这些工业建设者来自五湖四海，他们的到来给这片土地带来了新的生机。在《沉浮东方》一书里，周明生写道：这些工人，“不乏从战争年代走过来的老红军、老八路、老革命，不乏来自东北、沿海老工业基地的精兵强将，技术人员则来自北航、南航、电子科大、哈军工等大专院校，还有大量来自和平时期、抗美援朝、中印边境自卫反击战等复员退伍军人，还有一些是在四川本地招收的工人，据统计，有20万之众”[①]。《成华区军事工业志》所提供的数据则为“超过15万人”。

国营军工企业当年名声好，待遇高，有房子分，这些企业的青年职工是当时的成都青年男女首选的结婚对象。周明生在《沉浮东方》里讲述了这样一个故事：1989年，红光电子管厂需要招三百名新工人进厂，闻讯赶来的青年男女差点把作为报名处的工厂宿舍区的大门挤爆。报名的前一天，就有数百人赶到宿舍区前的广场排队，其中有许多是为自己儿女排队的白发苍苍的老人。时值冬季，他们带着被子、

① 周明生著：《沉浮东方》，成都时代出版社，2012年，第184页。

大衣、凳子，冒着刺骨的寒风，在大门口排了一天一夜。毫无疑问，对圣灯人来说，这些国营工厂的存在，也从根本上促进了当地的经济文化发展。同时，随着时间的推移，客家文化在圣灯也变得越来越稀少。

2004年10月，圣灯街道“撤村建居”。由乡村转变为城市，无疑再次给客家文化带来了新的冲击。我在圣灯街道的东城映像（此小区由原建北社区、崔家店社区、关家堰社区近四千户居民搬迁而来）及华林小区等小区采访时，还能遇见资格的客家人，这是因为村庄消失后，村民逐渐搬迁到这些安置小区居住的缘故。不过，随着圣灯街道更多的新兴小区建成，购房者来自全国各地，变成一次全新的人口融合，客家方言也就只能在有限的安置小区中寻觅，这就更像是一座“方言岛”，在说起东山客家文化时，圣灯街道就成了边缘化的区域了。

这种变迁也是圣灯数十年来变化最大的一次。也许若干年后，我们在这些街巷里行走，很难再听到客家话，至于客家风光就更是难以找到了。

从乡村到城市的转变过程中，旧传统势必会随着时间的推移消失，但新的生活方式也会到来。这种转变是时代之变，是历史学家黄仁宇先生所说的“三千年未有之大变局”。也正因如此，圣灯街道的文化变得多元。这与东山其他几个乡场的客家文化相比，固然不够纯粹，却开启了新篇章，这一点是毫无疑问的。

客家童谣

张松在《城市笔记》一书里说：“对于有人居住和生活的历史城市这样‘活的遗产’（living heritage），所表现出来的‘各种关系和动态功能’，应当得到必要的维护进而妥善的管理。”客家人的文化丰富多彩。客家童谣所承载的不只是客家人的记忆，同时也是在地文化的体现。在圣灯街道也流传过许多童谣。不过，我在圣灯街道采访时，能够听到的童谣已经不多了。随着时间的流逝，那些一代代流传的童谣最终会成为永恒的“记忆”。

杨慎在《丹铅总录》卷二五里说：“童子歌曰童谣，以其出自胸臆，不由人教也。”而客家童谣可视为客家文化的传承方式之一。刘义章、陈世松主编的《四川客家历史与现状调查》里收录并整理了圣灯街道部分客家童谣，它们见证了客家人的历史和演变。随着时代的变化，这些童谣也呈现出不断演进的过程。这些客家童谣大致可分为四种：

第一大类就是情歌。《月儿弯弯像把梳》是圣灯村六十二岁的邹素琼讲唱的：

月儿弯弯像把梳，多多拜上奴的夫；再等三年不来接，剪下青丝当尼姑。

关家堰六十八岁的严大贵曾讲唱了一首《十二月望郎歌》：

正月望郎是新年，只望情哥来拜年。鸡肉留得哈了口，腊肉留来起泫泫（指已变质）。二月望郎桃花开，喜鹊喳喳跳花台。喜鹊好比喜公子，奴家好比油菜薹。三月望郎是清明，香烛纸钱祭先人。雄鸡刀头摆上桌，保佑找个好公婆。四月望郎来栽秧，大田秧子行对行。有钱栽的“人字格”，有（无）钱栽的“一条枪”。五月望郎是端阳，酒米粽子蘸红糖。阿爸爱吃雄黄酒，我郎无钱家中愁。六月望郎天气热，田头爸妈大汗滴。有（无）人帮我做庄稼，只怪情郎人手缺。七月望郎是谷黄，家家户户收割忙。人家打谷有人帮，我家打谷自己忙。八月望郎八月八，八月中秋望“月华”。提封麻饼烧壶茶，口含月饼难咽下。九月望郎是重阳，家家户户蒸酒忙。人家蒸酒有人尝，我家蒸酒放一旁。十月望郎小阳春，家家户户收花生。双脚跪在沙地上，情郎何时来帮忙？冬月望郎天气凉，家家户户添衣裳。心想给郎缝一件，不知情哥穿多长。腊月里来望我郎，我俩何时才拜堂？待到明年桃花开，吹吹打打轿子来。

客家人向来注重礼法，婚俗也很重要。从女方结婚前夕的“开脸”（即拔去脸上汗毛），到男女双方拜堂成亲，其间要举行一系列传统礼仪，并演唱若干歌谣。这就是东山传统的客家婚俗了。邹素琼提供的《出嫁开脸歌》为：

阿爸请你来唱酒，没有喊你下毒手。阿爸请你来抽烟，没有叫你看脸边。阿爸请你来吃茶，没有喊你扯毛发。扯我一根赔十根，扯我十根赔不清。

崔家店六十八岁的陈贵兴则提供了《贺新郎》：

一对金花，角角叉叉。插在头上，众只看他。今年脑壳梆梆硬，明年耳朵稀溜炟。一对金花金灿灿，插在头上众人看。你也看来我也看，明年当爹要煮醪糟蛋。

原住崔家店村二组八十一岁的欧义福提供了《新娘进洞房歌》：

左手端果盘，右手捞门帘。朱红箱子亮闪闪，花露水儿冲鼻前。一进洞房就铺床，扶了新娘送红娘。

《数花》也是婚俗里重要一环，且看歌里唱到的场景：

下轿来，裙子花。拜了堂，粉团花。进堂屋，鸳鸯花。进洞房，夫妻花。白麻夏布帐子金钩花，枕头绣的是牡丹花。新床铺得亮花花，夫妻交拜是莲花。夫妻脸上红晕花，进了洞房合欢花。

劳动童谣在不少地方都有，但圣灯街道的童谣表现得更为活泼，不仅如此，有的作品也可归入“情歌”当中，比如欧礼和、欧礼成提供的《插秧歌》：

大田栽秧行对行，一对鲤鱼跑得快。我问鲤鱼跑啥子，后面有个打鱼郎。大田栽秧行对行，男男女女栽秧忙。又说又笑闹嚷嚷，栽了一行又一行。

崔家店三组的何泽君提供的《薅秧歌》与此有几分相像，让我们看到客家人在表达情感时的差异：

幺妹长得乖哟，穿双红绣鞋。幺妹哪里住哟，该在歇马台哟。幺妹听哥说哟，把你许配给哥哟。回家对你妈说哟，同意你就点脑壳。想妹莫挂在嘴上哟，薅秧使劲哟。勤快的阿幺子噻，人人爱哟。打谷子后，就把幺妹娶过门来。

人民塘村七十岁的林秉兴老人提供了一首《山歌好唱口难开》：

山歌好唱口难开，果子好吃树难栽。白米好吃田难种，鲜鱼好吃网难抬。

此外，关家堰村八十岁的严氏还提供了“过街见闻”式的即兴童谣。这是依照童谣的模式根据看到的社会现象随口变化出来的童谣，这种童谣更具有即时性。虽然现在我们无法确知歌中所说的景致是青龙场还是牛市口，但毫无疑问是和圣灯人有着密切的关系的。如关于街头香蜡铺的：

走一步，又一步，不觉来到香蜡铺。老板蜡，浇得长，和尚买回好拜堂。

又或者是在街的拐角，遇见一家棺材铺，店面不是很大，却承载着岁月的厚重：

走一路，又一路，不觉来到棺材铺。老板棺材做得好，一头大来一头小。装倒（着）活人受不了，装倒（着）死人跑不了。

街上的风物众多，各种店铺几乎是应有尽有，满足人们的日常需求，糕点铺、面摊等最为常见。不过，有一家锅盔铺很有特色，也可能是当地的一绝：

隔壁听到棒槌响，打个锅盔有八两。三个锅盔一斤半，愿吃锅盔不吃饭。

在街市还有一家药铺，此店也很让人感慨：

药王菩萨道德高，当中摆着铡药刀。生地黄、熟地黄，甘草才是药中王。

圣灯童谣当然不只是这些，也还有很多童谣在口口相传中消失掉了。我在圣灯采访时，听到不少老人感叹："那时候的童谣很多，大家都爱唱，如今关注的人少了，连唱童谣的机会都少了。"即便是这些被记录下来的童谣也在逐渐消失。《人民塘村志》收录了二十八首民间儿歌，却没有注明来源，我将这些儿歌与成都东山地区的童谣相比较，发现这些歌谣的差别不是很大，很难说这二十八首儿歌是否都来自圣灯街道。

客家碉楼往昔

我曾看过一些与成都东山相关的老照片，总是与碉楼不期而遇。陈世松在《都市门口的客家风情》一文里介绍，在东山一带客家民居中，有一种碉楼建筑较为奇特。过去由于东山丘陵地带人烟稀少，土匪袍哥横行，社会治安不好，为了自身的安全，一些有钱的大户人家便在房屋四周或地势险要的地方，用黏土筑墙，建成一座座四墙设有瞭望射击孔的碉楼。这些碉楼一般高二至三层，具有较强的防御功能，中华人民共和国成立后大多被拆除。在东山客家重镇龙潭乡，过去境内碉楼多达十余处，现存不过二三。面对行将消失的碉楼，许多有识之士无不为之惋惜，因而把它称为“最后的孤独”“寂寞的碉楼”。

成都东山的客家碉楼兴建于清嘉庆年间，至清末与民国时，碉楼数量达到顶峰。这些碉楼随着时代的变迁，其应有的功能减退，也就逐渐在东山人的生活里消失了。

在原东华村六组的地方（牛龙路与成昆线交叉口），有个旧地名叫雷打店，这里有一座碉楼。碉楼始建于清朝中期，是钟士文祖辈修建的。碉楼呈现典型的成都客家建筑风格，建筑方法及构造样式都沿袭了广东祖宗的传统风格，夯土泥砖木制结构，使用条石作为楼基，屋檐楼顶用小青瓦盖顶。碉楼造型美观，屋檐四角高翘，结构为三层，屋顶塑有精美“中花”，正梁两头飞檐常常贴有精致的砖雕。碉

▲ 客家碉楼一角　圣灯街道办供图

楼二、三层都有瞭望哨孔及射击孔（分明孔与暗孔），每层横跨约五米，同时，每层均铺设有木制结构的楼板及楼梯。

这里不妨说一说东山客家中的钟氏家族。根据现有文献记录，其有多个来源。圣灯街道的《钟氏族谱》为徙蜀粤系钟氏塘湖分派后裔，在清咸丰九年（1859）修谱，在学道街元吉书斋辑纂付梓。塘湖分派以文进公为祖，十三世宁哉公于清康熙庚子年（1720）正月，携眷自粤迁蜀。适重庆府永川县东山寺侧居住，后十四世昆长公自永川迁威远，白手起家。乾隆乙丑年（1745）九月至华阳，买得高桥侧高冯二姓业，置家立宅，今老屋祠堂是也。宁哉公后葬于华阳县檬子湾，而昆长公则葬于坛罐窑。《钟氏族谱》还收有“祖训十二款”，对后世子孙的行为作出规范，可见钟氏家族颇为重视家风教育。

在1949年之前，蔡荣华夫妇就居住在这座碉楼里，后来，地方政府直接将碉楼分配给了夫妇俩。直到2011年，实行土地整理，住户搬迁，对蔡荣华夫妇进行了统一安置，随后碉楼就一直无人居住。我曾试图联系蔡氏后人，却一直无法如愿。

2019年8月，东华社区的工作人员带着我去考察碉楼，这唯一的碉楼掩映在一片绿树之中，远处则是一片片菜地。穿过曲折的小道就能看见这栋三层碉楼，颇具客家建筑特色，在二层和三层上还依稀可见几个“枪眼”，门上落了锁，碉楼里面的情形无法查看。在碉楼的背后数十米处，就是成昆铁路。“社区会定期对这碉楼进行治安巡逻。不过，现在这还属于蔡荣华家，也就没有打造和开发。”我留意到在碉楼的外侧修建了栏杆，还设置了区级文物单位的标牌。尽管如此，若不是有人带领还真找不到这个碉楼。

现住在民兴北苑、曾任东华村大队长的李栋宾老人介绍说：“小时候去看过碉楼。钟家是地主，当时东山一带时常有土匪出没，为了保家护院，修建了这碉楼。后来我也多次进出过碉楼，沿着碉楼可进入到钟家院子里面，这样就方便安保人员进出。在我的印象中，这里并没有发生过打仗的事。”在他的描述中，钟家在当时是村里的大户，而李家只有靠给他们种地或做小生意为生。

如今已不可能复原钟家院子的样貌，剩下这一座碉楼见证着曾经的岁月。这些老龙门阵也只有东华的老人才能知道一二了。

“东华村以前有不少客家人，虽然现在这里居住的客家人少了，但以此碉楼打造客家文化园区也还是值得做的事，比如修建客家的围龙屋等，有助于区域文化旅游。”工作人员介绍说，“这一块空地是临时绿化用地，未来怎样建设还不大清楚。”

在东华社区除了这一座碉楼外，原东华村三组、四组也分别有两座碉楼，均是钟氏所建。这两座原来系钟禄元和钟继昌所有。后来因城市建设的需要被拆除。“如果把这几座碉楼保留下来，也是社区里的一道风景。”李栋宾感叹说。

民艺之先

这些年，“非遗”越来越受到人们的重视。2019年6月的一天，我到圣灯街道文化中心采访，刚巧遇见社区舞蹈队在排练节目。在我的采访计划里有一项是访问圣灯的民间艺人。尤其是现在不少民间文化成为“非遗”之后，依然面临着许多生存困境，因此更值得关注。

日本美学大师柳宗悦曾说：“民艺品中含有自然之美，最能反映民众的生存活力。”这里所说的“民艺”更多的是指民间手工艺，而在民间艺术当中，还有许多是以曲艺的方式存在的，在成华区就有牛儿灯、耍龙灯、山歌、薅秧山歌等众多曲艺表演形式，而幺妹灯、打连箫、耍龙灯等都一度在圣灯街道流行，但随着新时代的娱乐方式多元化，这些民间艺术渐渐式微，以至于最后成为消失的民间技艺。

圣灯寺在民国时就有一支鼓乐队。辛亥革命成功之后，鼓乐队参加过少城公园保路纪念碑落成典礼大会，边走边奏，这让人看到圣灯寺人的精神面貌。不过，因这鼓乐队是民间性质，缺乏相应的记载，现在已难以知其详情了。

《成华区志》记载，成华区圣灯乡、青龙乡有幺妹灯队伍活动。幺妹灯又叫采莲船，与其他民间灯队的唯一区别，在于幺妹灯表演有年轻美貌女子参加。莲船车长约两米，用彩布围制。幺妹灯表演以唱为主，幺妹随莲船车起伏而舞。幺妹立于船中，与船侧划船艄翁同行。莲船车由推夫双手执彩布方旗，旗上绘车轮。幺妹双手提布旗上沿，踩十字舞步，艄翁或车夫装粉鼻丑角。幺妹灯表演常有数十人的连箫队在后伴舞，场面十分壮观。

幺妹灯何时进入圣灯的呢？《金牛区文化志》记载："在金牛区的历史不长，传说是全面抗日战争初期……机关、军队、学校纷纷内迁，许多单位就住在现金牛区境内。内迁人员中，多是北方人，逐步将这一民间文艺形式传下来，又经当地民间艺人采用当地小调表演，慢慢地变为当地民间艺术。"

幺妹灯在当时的金牛区有多支表演队伍，且各具特色。桂溪乡表演时用民间小调填写新词，增加了随船歌舞者的伴唱；而石羊乡采用民间吹打乐《荡湖船》音乐伴奏；金牛、龙潭等乡表演时用打击乐伴奏；圣灯的表演与龙潭接近。不过，幺妹灯在演变过程中逐渐消失，因此我在圣灯街道采访时计划追踪当年的表演艺人也颇为不易。

"正月间要把那个龙灯耍，二月间要把风筝扎。"舞台上，一位身着红衣的老人拿着一支连箫载歌载舞，正在演唱《十二月》。台下，一些老人们激情帮腔。这是2006年打连箫艺人牟庆云收飞刀花鼓传人刘陶为徒的场景。如今牟庆云已去世多年，而刘陶也远走海外，打连箫在成都越来越少被关注。

所谓连箫，即一支三尺余长的竹竿，每节凿洞后穿上铜钱，表演者手持着它，随着音乐、唱腔或讲词，有节奏地敲击地面，或人体上的肩、胸、背、腰、腿、脚等部位，甚至蹲、跑、滚着敲打，其声铿锵悦耳。这是一种集舞蹈、说唱、音乐于一体的曲艺形式。

打连箫在北方被称为“霸王鞭”，也叫“莲花十八响”。传入四川时还有个传说。明末将领秦良玉叫士兵以竹子藏粮过关卡后，士兵们高兴得敲打竹竿，后逐渐演变成一种舞蹈——连箫。还有一种说法，连箫是叫花子沿街要饭，怕恶狗伤自己，手持竹竿并随时敲打演变而来。连箫一度在巴蜀大地风行，其来源和川剧相似，是“湖广填四川”时由外省移民带入的。

在《成华区志》里也有记载：“成华区打连箫主要集中在圣灯乡、龙潭乡。是明末清初由北方传来的一种民间舞蹈形式。”在中华人民共和国成立之后，打连箫在成都地区颇为流行，人们用打连箫等表演来庆祝成都解放。1991年至2005年，凡盛大节日，均有连箫队出场表演。演员已发展到几十人，舞蹈队型也由单一发展到多种多样。集体打连箫的舞蹈队型呈平行交叉、八字、螺旋、圆形、半圆等。音乐伴奏用唢呐、笛子、二胡等。音乐曲牌则依据《连箫词谱》，现场颇为喜庆。

后来，幺妹灯与打连箫、高跷队联合演出，呈现出更为闹热、壮观的场面。这样的演出一般适宜大型庆祝活动。一些老成都人至今还记得当年的欢快庆祝场面。

现住在金牛区的文莉是打连箫的第四代传人，其师父牟庆云于20世纪90年代初对打连箫进行了挖掘，把粗犷的动作与艺术、技巧相结合，配以轻松愉快的小调，加工整理出《数螃蟹》《探小妹》等段子。打连箫演出在前些年可谓风靡一时，现在在圣灯却难以看到。因为自老一辈艺人相继离开之后，这门技艺就再也没有人愿意学习。

旧时在圣灯还有着众多的民间艺人，比如长林村曾道华、东华村曾道发、人民村的林炳兴都是耍龙灯的高手。山歌也是圣灯的一大特色，如东华村的李盛元，崔家店村的张维忠，圣灯村二组的曾明清和崔家店村二组的欧礼和、欧礼成等都有山歌流传下来。这些艺人在《四川客家历史与现状调查》书里也有记载。

如今这些民间艺术都已成为过去，它们因无人传承而成“绝响”。我在网络上看到过与其相关的视频，不难发现它们是具有艺术魅力的，只是随着圣灯街道城市化进程的加快，这些艺术渐渐在生活中消失了。

那些年看电影

谢桃坊曾说：旧时“客家人的文化生活是单调贫乏的。他们在附近的乡镇赶场、交易、吃酒，喜欢参加亲友的红白喜事。这些活动在东山已具一种娱乐休闲的性质。他们平时最喜在幺店子吃茶、聊天、打牌，看电视节目”。如今这种现象在圣灯已经很难见到。自从东郊国有企业相继建起来以后，虽然企业有自己的小天地，却也还是影响到了圣灯人的日常生活。随着乡村经济文化的发展，圣灯人也有了文化生活的新天地：沙河电影院、东郊服务大楼，这些都是让人向往的消费、娱乐场所。

20世纪80年代，圣灯街道成为金牛区首个跨进亿元乡的乡镇，文化同时也得到重视。1980年初，位于二仙桥的圣灯乡政府所在地建立了圣灯乡文化站，袁素芳任首任站长，在她的带领下，圣灯乡的群众文化得到了长足的发展，并在金牛区成为一面文化旗帜。

文化站成立之后，立即开展各项工作。一是开展培训辅导工作，比如1984年，文化站协助猛追村开办青少年艺术学校，招收学生五十名，学校购置有风琴、提琴、二胡、吉他、作画颜料和体育器材等。聘请四川音乐学院、成都军区战旗文工团等单位的教授、名流任教，先后为四川省美术学院输送了李新平，为四川省排球队、跳水队输送了关川玲、刘美川等新秀。二是发展、巩固村上的文化室，如协助八里村开展丰富的文化娱乐活动。三是组织演出活动。《金牛区文化志》载："这个乡的群众歌舞活动十分活跃。八里村的《孟加拉国脚铃舞》、圣灯村的《霹雳舞》、马鞍村的《交谊舞》等有较高的表演水平。地区歌手严红、肖德山、张廷寿、马志云等，先后获得成都市、金牛区一、二、三等奖和优秀奖。"此外圣灯的体育活动很有特色，且享有"体育之乡"的美誉。1986年举办了圣灯乡首届运动会，有球类、棋类、田径等十四个项目。随后参加金牛区举行的运动会，在十三个项目中角逐，获得金牌九枚。同年接受国家体委检查，被评选为体育先进乡。

群众文化的发展也可视为圣灯由农业向现代城市文明转型的开始。但要说起电影来，东郊人记得的可能是到沙河电影院看电影，而对圣灯电影院所知并不太多，比如曾在719厂工作的萧老九说："圣灯电影院，没听说过，只晓得沙河电影院。《庐山恋》就是在沙河电影院看的，宽银幕，当时这电影很轰动的。"而圣灯电影院却是圣灯人的永久记忆。1975年，金牛区成立电影管理站，考虑到区域内的农村人口多，管理站先后与七个乡联办了集镇电影院，圣灯电影院就在这样的背景下于1979年2月创办。《金牛区文化志》说："青龙、圣灯、石羊、文家几个电影院刚建立时，都是利用公社的礼堂，使用的是硬座椅。"

圣灯电影院由金牛区电影管理站提供放映设备、放映技术人员、管理人员。电影院的工作人员有七人左右，除管理站派出人员外，其余人员由公社配备，这些人员也被称为公社的"八大员"，他们在公社享有很高的声誉。同时，公社对礼堂设备、售票服务以及所派人员进行管理。电影管理站负责影片的排映、放映，对设备、技术的管理和财务的监督。这当然也会涉及利润分成。“在上缴国家税收后，市电影公司分成50%，管理站与联办电影院各分成25%。”直到1985年，管理单位与放映单位的分成才改为：管理单位15%，放映单位35%。这在一定程度上促进了乡镇电影院的高速发展。

李彬报纸博物馆馆长李彬当年就在圣灯乡政府工作，空闲时间就去电影院看一场电影。圣灯电影院有新旧之分，最初的圣灯电影院就设在圣灯乡政府的礼堂里。虽然设备简陋，坐的是硬座椅，还是给圣灯人带来了很多欢乐。现在很难发现有对圣灯电影院的详细记录，不过，从老东郊人的口述中，我们可以拼接出当时电影院的情况。长期在东郊工作的傅治军先生告诉我说：“圣灯电影院其实是一座影剧院，剧场可以用作会场，‘电影挡子’现在称为屏幕，是挂在台上的。电影有上午场、下午场，随后几年电影院就放各种录像片了。1991年9月9日我到成华区报到，就是在圣灯电影院。1992年我在成华区上工作，负责下乡联系的就是圣灯乡。1992年三圣乡与区签订目标责任书的大会就在此电影院召开，参加的单位是各村各社的干部群众。”

当老电影院被拆除之后，新建的圣灯影剧院依然位于乡政府里面，但与老电影院相比，就显得气派多了。这里不仅可以看电影，而且可举行大型文化演出活动。圣灯影剧院的照片难得一见。李彬先生给我提供了一张1985年4月15日出版的《四川日报》“圣灯专刊”，在头版的位置刚好有一张圣灯影剧院的照片，这是预制结构的独栋建筑，可容纳1240个座位的甲级影剧院，“圣灯影剧院”几个字在建筑物的左侧，其右侧则有“圣灯乡文化站”的标识。圣灯乡由此还投资140余万元，修建了占地13907平方米的圣灯文化体育中心，除了影剧院之外，还包括一栋有12个教室的文化教学大楼，一个露天两用场地（舞场兼溜冰场），以及茶（棋）园、灯光篮球场、图书阅览室等设施。这里很快成为圣灯的文化中心。不少圣灯人还记得当年在这里看电影或看演出的旧事。甲三回忆说：“高年级一个叫‘兰花’的哥们看电影《刘三姐》，创下连看33场的纪录。”

▲ 圣灯影剧院　李彬供图

现家住八里庄的“敏智斋书店”老板白新多年以后对圣灯电影院依然印象深刻：“当时情景历历在目（上演《武林志》，晚上12点整，人山人海，特别是东方旭打倒外国人时掌声雷动，现在再也找不到那种感觉了），1983年我在单位搞共青团工作时，单位位置就在二仙桥，我是二仙桥土生土长的，所以没少去看电影。”

李彬是圣灯电影院的常客，他在接受采访时说：“我从老电影院（坐砖头上搭的木板）到新电影院（20世纪80年代初，投资百万修的乡镇最高档的影院，有楼厢，舞台前有乐池）看了上百场。1991年，成华区有圣灯、保和、青龙、龙潭四个乡级电影院。乡级电影院以放坝坝电影为主，电影院售票为辅，常年观众总人数达十万余人次。到了2004年，因城市建设的需要，四个乡级电影院先后被拆除。”

2004年，繁荣了十多年的圣灯影剧院因修建安置小区“晴和苑”而被拆除。不过，圣灯影剧院带给人们的欢乐时光是让人难忘的。“那时候，看电影就去那里，如果没有拆除的话，也是圣灯街道的历史建筑了。”

圣灯中心校的岁月

9月的阳光是灿烂的，每年的这个时候就有一批孩子成为学生，他们对未来生活充满期待，在求知的路上奋进，从此开启人生的新旅程。

在圣灯的教育史上，既有圣灯中学这样的名校，又有圣灯中心校这样的小学，不只为这里培养了大量人才，同时也代表了圣灯的教育高度。在对这所学校的历史进行梳理时，我意外地发现媒体人春晓当年就读的学校就是圣灯中心校。

春晓小时候家在刃具厂，她没有像一些工厂的子弟那样读工厂子弟校，而是选择在圣灯中心校读小学。在《消失的“放学路上”》的文章里，她回忆说：

> 80年代，我在成都东郊上小学，学校有个乡土味十足的名字叫“松柏村”（后来改名为“圣灯乡中心校”，阿拉丁的感觉有没有）。虽然不是泡桐树，但也是我们那个城乡接合部数一数二的牛校了。东郊那些工厂里的父母，削尖了脑袋想要把孩子往我们学校送呢。
>
> 比如，我是东郊第一大厂、毛主席视察过的量具刃具厂的子弟。刃具厂虽然也有子弟校，但教育质量很差。
>
> 因此，为了不让我当“街娃”，我爸妈早就打定主意，我是

要读松柏村的（哇塞，这句话讲出来好霸气，感觉我是要去读哈佛的一样）。题外话，这个当年谁也看不上的刃具厂子弟校现在居然摇身一变成了“电子科大附属小学”，太坑爹了。

“圣灯中心校”在圣灯街道的教育史上，是值得书写一笔的。《圣灯乡志》记载：松柏村小学“始建于20世纪20—30年代，并由当时成都县文建科批准为正式公立小学。原校址在现在马鞍村四组的一个小土坡上，因其校内有一古柏而得名。初建时，总面积约100平方米。教室为土木结构的草房，计3间，全校有4个年级，教师4名，学生30余名”。

1949年后，松柏村小学被接收为公办小学，为改善办学条件，在党和政府的关怀下，学校搬迁到府青路立交桥侧（府青路二段3号）。这个地方原为地主银万全的别墅，占地4亩，有砖木结构小房8间。经过整理，改建为4间教室，开设教学班4个，分4个年级，教师4人，学生有100多人。《成都市教育史志资料》第六期则记录，1951年的松柏村小只有3个班级，3位教员，至1960年发展成初级班3个，学生267人，高级班3个，学生139人。

在以后的岁月里，“圣灯中心校”的校名根据发展需要多有变更：1966年，校名由松柏村小学改为“红星北路小学”，1979年再次更名为“圣灯地区中心小学校”。

春晓回忆说自己之所以选择就读圣灯中心校，而不是到刃具厂子弟校，是因为学校有一位“朱丽倩式的美女”杨老师。“杨老师也是我姐的班主任。大我10岁的姐姐那时已考上武大，是我们全家的骄傲。杨老师作为启蒙老师，功不可没。因此再把老二交给她，我爸妈都特别放心。”不知春晓后来成为媒体人是不是与此有关系。

20世纪80年代的圣灯中心校的学生，除了周围各个工厂的子弟之外，就是圣灯寺周围的农村孩子。用春晓的话来说，就是“班里的孩子都是附近的农二代和厂二代”。毫无疑问，圣灯中心校为圣灯的文化、经济发展提供了人才储备，不少学生后来都是在圣灯工作，他们以自己的方式在传承着这一区域的历史和文化。

这里不能不提国内最早一批从事女足运动的球员杨月从，1981年她在金牛区业余体校女足队踢球。1984年高中毕业后分配到文家中学当了七年的初中体育老师。1991年她来到圣灯中心校，开始了自己的校园足球教练生涯。在回忆那段经历时，杨月从说：“成华区是很有足球底蕴的，所以当时圣灯中心校的历任校长都很支持开展足球运动。圣灯乡政府也拨了几万块钱给学校修了很专业的沙土场地，渗水功能很好，下雨也不会泥泞不堪，在当时算是条件不错的球场了。”

前四川女足球员熊莉和杨月从在圣灯中心校成了搭档。1988年汉城奥运会上女足未被列入正式比赛项目，当时国内大部分女足球队被解散，熊莉也只能选择退役。她在原国营784厂找到了工作，最早是在车间当装配工人，后来又去了厂子弟校当体育老师。后来子弟校被剥离，熊莉被分配到厂职工培训中心，但她没有去，因为喜欢足球，熊莉选择到东郊体育场教孩子踢球。之后因为圣灯中心小学缺乏带低年龄段的教练，熊莉被聘为该校专职足球教练，开始了她和杨月从长达17年的合作。2003年，在达州举行的全国U—9少儿足球邀请赛上，圣灯中心校足球队代表成都出赛，以7战5胜1平1负的成绩获得亚军。

像这样的成绩在这所学校还有很多。

曾在圣灯中心校学习的张鑫多年后回忆说："甚至到我读大学以后，圣灯中心校依然屹立在成都市小学足球界的顶峰。因为当时我们穿的球衣颜色是黄色，于是我们又被很多家长称为'小全兴队'。"这是因为学校"垄断了当时整个成华区的足球精英"。为了在这里踢足球："当时和同一年级的于小浪和林峰甚至为了读这个学校而降了一个年级——这个做法在当时相当盛行，以至于后来小我很多届的师弟大多也都是采取这样的方式。"可见，圣灯中心校的足球运动魅力非凡。

成华区根据区域教育的发展需求，2004年将圣灯中心校与双林实验小学合并成李家沱实验小学。就这样，圣灯中心校成了东郊人永恒的回忆。

圣灯人文化群像

成都老一辈学人刘君惠先生曾写过一首《辛巳除夕大雪中归圣灯村舍饯岁作》：

峨峨飞雪迷归途，照眼琪花满珠树。孤绝旷野一探头，春风又送流年去。去去前村独树家，篱边疏影正横斜。矮屋打头三年住，真怜草莽送生涯。入室蜗牛明窗纸，流云回照光如绮。朝揽九流论是非，暮探六书究终始。四海如今愁沸羹，世间悠悠逐浮荣。我自隐几仰天笑，一庵容我心太平。一年将尽剩今夕，橐驼坐待东方白。绵蕝人夸礼乐兴，讲筵我叹戈鋋逼。观河皱面闷无端，割锦欲尽写忧难。洗盏聊斟白兰地，一遗飙风刺骨寒。

这诗里所写的是1941年除夕的圣灯村景象。

在对圣灯街道的文化现象进行梳理时，我渐渐地发现，如果仅仅将圣灯文化定义为几所学校、电影院，乃至于文化站，可能无法概括圣灯街道的文化景观。倘若我们仔细梳理这里的文化现象会发现，在圣灯街道的历史上也有着如钟禄元、火笛、蒲宏湘、林文询、谢桃坊、赵仁春、杨传球、其然、李丹阳、陈光炅等一群文化人，他们在圣灯生活的历史，让我看到了这片土地上的文化生长。

在梳理圣灯文化过程中，不难发现，这里的文化人分为两类：一类是土生土长的，如钟禄元、其然、李丹阳、陈光炅；而另一些文化人或由工厂走出来的，如火笛、蒲宏湘、杨传球、朱常棣、赵仁春；或由于工作关系来到圣灯的，如林文询、谢桃坊等人，他们的出现无疑丰富了圣灯文化。

客家文化研究专家钟禄元

李劼人先生曾在民国时期创办了一本反映民俗的期刊——《风土什志》，在1943年9月出版的创刊号上，发表了钟禄元的《东山客族风俗一瞥》。这也是成都人首次研究客家人。这篇文章是钟禄元以家乡的风俗习惯来研究客家人。当时的钟禄元任四川省临时参议会助理秘书。

钟禄元1913年出生于圣灯街道东华村三组。钟禄元次子钟朴然后来回忆：“（父亲）兄弟姐妹共六人，他排行老幺，由于爷爷忙生意，父亲到九岁才去读私塾，后来考进成都华阳县国中学校读初中。为了给家里节约钱，父亲中学毕业后直接考进免费的四川师范学校。1934年，他在四川师范学校毕业后，便在牛王庙小学校任教师。那时候，当教师是每学期与学校签合同，报酬每个月五十块钱。父亲自己每月只用五块，其余全部交给自己的大姑妈保管，留着日后上大学用。1936年，他考进了国立四川大学历史系。1939年的暑假，钟禄元作为四川大学的学生，参加本校西南社会科学研究处组织的客家调查团，调查对象即现在的成华区范围内的客家人。”[①]

▲ 哈萨克人歌舞（关山月），《风土什志》第一卷第四期封面（1944年7月） 选自《成都文艺》杂志

大学毕业后，钟禄元先后在华阳县中学、成都县中学等学校任高中部史地教师。1941年，寓居成都的叶圣陶邀钟禄元到四川省科学教育馆任研究员，主要负责《文史教学》（月刊）的编辑工作。4月30日，四川省教育厅教育科学馆办《文史教学》，朱自清、叶圣陶、顾颉刚、钱穆等皆担任编委，主要负责人为叶圣陶。钟禄元曾在该刊发表了《蜀北客族风光》《历史的功用》《整理川省资料刍议》等论文。

钟朴然的回忆告诉我们，钟禄元与叶圣陶的相识，与一次投稿相关。《叶圣陶抗战时期文集》（第二卷）1941年11月5日的日记记录：“到馆，续作前日所作文，仍得千五百言。中间又为钟禄元君校稿一篇。”[②]此次所改的文稿即发表

① 谢惠祥：《四川客家文化研究的先行者——记四川省人民政府文史研究馆已故馆员钟禄元先生》，《文史杂志》，2014年第4期。

② 叶圣陶著：《叶圣陶抗战时期文集》（第二卷），人民教育出版社，2005年，第216页。

在《文史教学》第三期上的《蜀北客族风光》一文。查11月21日的日记，亦有记录："钟禄元君嘱改其所为文，遂耗半日。又看徐恒之君文。二君皆大学毕业生，而文字皆似是而非，实未通顺。"[①]

"抗战结束后，叶圣陶先生在离开成都前夕，推荐父亲到贵州大学任教。父亲以离家太远而推辞掉这个机会。叶圣陶先生于是又推荐他到成都济川中学校，即后来的成都市第十六中学校任教师。"

在钟禄元的一生中，命运似乎总在和他开玩笑，以至于多年以后，依然回到圣灯："1951年，新政府号召有文化的人员出来为革命工作，于是，父亲钟禄元参加了西南革命大学学习，期满后分配到四川省泸州市第一中学校任教。后来又调到泸州市幼儿师范学校。1952年，因城市人口压缩，父亲钟禄元回到了成都市圣灯人民公社东华大队第三生产队从事农业生产劳动。

"1979年春，圣灯人民公社安排父亲钟禄元到圣灯中学任代课教师，有幸与谢桃坊、林文询等文化人一起共事教书，任初中的语文教师。"

谢桃坊后来回忆说："钟先生长期教地理，两人一见面就聊得来，因为志趣相同。星期天，时常还和钟先生一路进城会老朋友，吃茶。那时候他跟成都学术界的人物来往很多。"1979年12月，中国社会科学院对外发布招聘启事。钟禄元把这个好消息告诉谢桃坊："你可以去报考。"就这样，谢桃坊参加中国社会科学院考试，被录取为助理研究员。由此可见两人友情之深。1984年9月，钟禄元被四川省

① 叶圣陶著：《叶圣陶抗战时期文集》（第二卷），人民教育出版社，2005年，第219页。

人民政府聘为文史研究馆馆员，这以后，在有关部门的协调下，钟禄元以泸州市幼儿师范学校职工资格，补办了退休教师手续。此后，钟禄元多次发表与客家人有关的文章。

1988年9月12日，钟禄元因脑溢血在成都无缝钢管厂职工医院医治无效，永远离开了他研究的客家文化事业。

在钟禄元的最后岁月里，他依然对东山客家文化念念不忘。遗憾的是，至今也没有钟禄元的一本专著问世，让更多的人了解其对客家文化的研究成就。

从719厂走出来的作家火笛

20世纪的七八十年代，工人作家、艺术家很“火”，在成都就出现了一大批工人作家、艺术家，他们分布在成都东郊的工厂里，并利用业余时间进行文学创作。比如贾万超、王金泉等，这其中就有火笛。后来我翻阅《青年作家》杂志，看到火笛在上面发表的作品，他还曾担任杂志副主编。随后，在成都市文联的资料室里，我查找过作家火笛的相关资料，所得并不太多。即便是熟悉《青年作家》杂志的阳小平说起火笛也不甚详细。

火笛，原名郜锦岳，河南巩县人。初中毕业。1955年参加工作，历任国营719厂工人、成都市文化局创作研究室干部。1956年开始发表作品。1980年加入中国作家协会。著有小说集《他热爱音乐》，相声《上报》，短篇小说《春燕写诗》《月月红》《小河边上》《迎春曲》《不寻常的会见》《淬了火的人》《炉火熊熊》《擦炮》《洪铁锤》《交班》《站岗》《在木材背后》《钢铁的大字报》《在茶馆里》《秋初的一个晚上》《诗与爱情》《老汪“病”了》《带枪的人》，特写《我们的心脏一齐跳动》《宝鼎新人》，故事《风雨龙爪坡》，诗歌《激励斗志慰英灵》等。火笛在晚年患上了帕金森综合征，最终瘫痪在床，2009年3月3日辞世。

关于火笛曾在719厂工作的经历，我们能看到的资料很少。其女儿郃宇红曾回忆说：“父亲的笔名叫火笛，用生命的笛子吹出火红的乐章。……他是我至今见到的在身边的最有才华的人，父亲字写得好画也画得好，尤其下得一手好棋。他年轻时爱好广泛，拉二胡、吹笛子、游泳、钓鱼，还得过单位乒乓球冠军，喜欢打麻将，但最大的爱好是下围棋，相当于业余五段水平，曾作为中国作家协会围棋代表团成员和日本作家围棋代表团比赛。作为编辑，他尽心尽力扶持文学新人。他曾经改变很多人的命运，把曾经的罪犯变成企业家，把普通学生变成话剧演员。”

郃宇红在2013年撰写的《似水年华——忆父亲》一文里深情地回忆起父亲，火笛十六岁开始写作，十七岁已在全国报刊上发表文章，在工作之余，也参加各种文学活动，且作为新中国的文学青年受到周恩来总理等领导人的接见，后来加入中国作家协会。

郃宇红说：“父亲一生幽默、豁达。记忆中，父亲每天都能从生活中发现趣闻、乐事，然后讲给我们听。”郃宇红还记得儿子两岁时，父亲教他绘画，正是父亲让儿子早早开启了绘画之路。她说：“父亲的一生是辉煌的，也是平凡的，他留给我们的记忆，是我们最大的财富。”

作家张义奇在接受采访时说，火笛参加的“文代会”，是1965年11月29日至12月17日由中国作协、共青团中央在北京联合召开的全国业余文学创作积极分子大会。与会的一千一百多名代表中，绝大多数来自工厂、农村、部队等基层单位。当时火笛还是719厂第三车间的工人，已经创作并发表作品。到了80年代，他才因创作改变命运，调入《青年作家》工作。

2018年的一个偶然的机会，我认识了曾在719厂工作的萧老九。她说，火笛在719厂时就爱写作，反响还不错。他是从工厂一线走出来的作家。

设计师朱常棣

“画家朱常棣是719厂出来的。”2019年2月，我参与一个“东郊工业文明口述史”的项目，朋友萧老九知道我关注东郊文化人，她这样告诉我。虽然我藏有朱常棣的好几部川西风景写生集，但还真没留意他的这条信息。

1938年出生在重庆的画家朱常棣自幼喜欢绘画。高考时他收到了四川美术学院的录取通知书，却由于父母反对，并未如愿进入四川美术学院学习，而是来到成都工学院（后与四川大学合并）。

1960年，朱常棣已经大学毕业，依然热爱绘画。他回忆说，当时的成都人民南路有个艺术机构叫“人民画廊”，由成都市文化馆主办。每个月，人民画廊都要展览四川业余绘画爱好者的作品，当时朱常棣就画了一张三尺对开的国画投稿，没想到一投即中。“这是我正式创作的第一张国画作品，现在都还记得名字叫作《初冬小鸟》，竟然被选中展出了，当时开心得不得了，后来画廊还给我寄了八毛钱的稿费。”这让他有理由坚持绘画的理想。

毕业后，朱常棣在中科院成都分院机械自动化系当过三年的副研究员，后来又被分配到东郊719厂当设计师。有一天，成都群众艺术馆来了封信，邀请他去参加艺术馆主办的绘画培训班学习，于是朱常棣开开心心地去了画家朱佩君执教的花鸟学习班听课，从1962年至1963年，他一直追随恩师潜心学艺。这也是一种磨砺，让他在艺术道路上坚持下来。

朱常棣在719厂做了近二十年的设计师。在回忆这段人生经历时，他说：“上班时间一直是忙着设计的事，下班后才开始业余绘画创作，那时大家都是以这样的方式搞创作。”不过，这样的经验带给他的是惊喜。当时有不少艺术家分布在不同工厂里，每个人都是在工作之余坚持艺术创作，取得了不同的成就。而说起在719厂的工作故事，朱常棣并没有做更多的阐释。

1982年，朱常棣被成都市群众艺术馆相中，担任该馆专职画家，这才算正式进入艺术圈。再后来，他凭借着优秀的绘画水准，成为中国美协会员，并担任成都市美协主席。

如今说起曾在719厂工作，虽然是前尘往事，朱常棣还是很怀念：“没有这个起步阶段，我可能就不会在艺术道路上走下去。在那个时代，我们在厂里除了要做好工作外，还要兼顾喜好。正是由于跟随朱老师学习，才进入到了艺术圈。”

四十九中走出的作家林文询

1977年，成都四十九中的前身——圣灯中学在成都东郊翠竹掩映的圣灯古寺遗址上诞生，这一所学校是东郊除了各企业的子弟校之外最具代表性的中学。在圣灯中学的校史上，林文询是作为作家亮相的。此前，我在不同的文化场所与他见过面，却并没有打过交道。2018年夏天的一个中午，我在焦家巷一家茶铺采访了林先生。

▲ 采访林文询先生（右） 朱嘉婷摄

林文询出身书香世家，其祖父林冰骨（1878—1962），四川资中人，清朝秀才，日本东京宏文学院毕业。曾任南京临时大总统府秘书，1952年入四川省文史研究馆。父亲林如稷（1902—1976），现代作家，1920年开始发表作品，1922年，林如稷作为发起人，与陈翔鹤、邓均吾、陈炜谟、冯至等人在上海成立了“浅草社”（后更名为“沉钟社”），出版以《浅草》为名的文学季刊，由林如稷和陈炜谟主编。1924年，林如稷毕业于法国巴黎大学，回国后在四川大学、光华大学等大学任教。林文询毕业于成都七中，曾受教于白敦仁先生，

1965年毕业于南充师范学院（今西华师范大学）中文系。林文询开始文学创作是在学生时代，他曾回忆说："1962年，我还是一个十八岁的学生，第一次投稿便取得了成功，同一月寄出的两篇小说先后发表在报纸和杂志上，此后，小说、散文、诗歌、剧本，我什么都写。"（《秋日三题》）

从大学毕业之后，林文询分配到成都得胜中学，关于这一段岁月，他后来多次撰文回忆。在到圣灯中学之前，林先生因被人"整"而进入"牛棚"两年零七十天，于1978年8月25日下午3时回到家中。这一次"牛棚"让他学会了抽烟。他在《酒》一文里交代："二十几年前，我当'工作组'，小不点儿神气十足，整人。十几年后，作为一个有点刺头儿的小教书匠，又轮到人家整我。"当时他在得胜中学教书。林文询回忆，他进去时间为1976年6月17日。其入狱的前因是："工作组进校，杀气腾腾，威风凛凛，召全校教职工训话，独我仰身瞑目，伸一双赤脚板大咧咧横陈桌上，令训话的那位眼镜脸青面黑。次日校园便贴满围剿我的大字报。我依然不晓事，课余仍打赤脚捧本鲁迅选集在田坎上悠悠闲荡。终于荡得工作组和革命群众忍无可忍，便一把将我揪进'牛棚'。"在文章中回忆被捕这一经过，也惊心动魄："学校在南郊，当我猛蹬着自行车，一气赶拢时，天已早黑尽了。郊区的田野一片冷清，只校园里有几星灯光。校门早有人候着，很是焦躁不安的样子。一见我，也不多言，便径直带我到会议室，说搞外调的人在那里等着。汗淋淋推开会议室的门，一股凉风便穿透我心窝——哗哗啦啦，七八管枪口对着我，我被捕了。"

1979年下半年，林文询进入圣灯中学教语文。当时敢于请被关进“牛棚”的人教书，显示了学校领导的魄力和眼光。在课堂上，林文询无须备课就可上一堂生动的语文课。后来也有多位学生回忆起他上课的情形：“林文询讲课精彩，我们第一次知道语文还可以这样有趣。”业余时间，他重拾文学创作，在圣灯中学陆续写出了一批作品。他曾在文章中回忆说，新的“处女作”《春天的绿叶》很快在《四川文学》（1981年第一期）头条发表了，而且被《小说月报》转载，《四川文学》1981年第三期又发表了其作品《老乐这个人》，又被《小说选刊》转载，中央人民广播电台播送。“此后一年多，陆续又有好几篇小说和剧本问世。”

由于持续发表文学作品，林文询面临着新的职业选择。当时著名诗人、峨影厂文学部主任雁翼（1975年，他曾召集川内作者创作剧本《都江堰》）准备调他去峨影厂担任编剧；四川文艺出版社也有计划调他到出版社。后来峨影厂因故未去成，他就去了出版社，从此开启了文字人生。

1991年，成都市行政区划调整，圣灯中学划归成华区管辖，次年更名为四川省成都市第四十九中学校。林文询后来多次回到学校给学生讲文学。2005年，他还为四十九中撰写了《四十九中赋》：

燕子啁啾，得意春雨；雏鹰蹀躞，神骛八极。人言世间功德无量事，首推修桥铺路兴教育。西蜀自来膏腴地，文翁千载留胜迹，锦城荣华虽水土，人文昌盛亦肯綮。有道是，薪火者，文化；传承者，教育。千秋伟业展宏图，栋梁参天赖根基。云烟缈，物华新，圣灯迷茫早无寺，校园葱茏起书声。看我四十九中，已近而立龄。恰与新时期同步，伴改革风前行。缤纷万株桃李，屈指三代园丁。明月清风常入怀，教育科研日日新。回眸处，山重水复，几多曲径，终不掩江流宛转，芳菲满林。吾校也，诚非百年老树，亦非金字殿宇，然则先贤有云：山不在高，有仙则名；水不在深，有龙则灵。但有壮志，便可凌云；但有爱心，便可繁荣。审时代之势，重人文之本，荟萃名师则必成名校，辈出英才则自登极顶。披襟临风且放歌：四十九，四十九，雄姿英发阔步走，须昂扬，更抖擞，云帆济海会有日，一览众山竞风流。

在四十九中教书的谢桃坊

在圣灯的人物群像中，不能不提的是谢桃坊先生，他不仅是学者，也是土生土长的圣灯人，在东山客家文化的研究中，他继承了钟禄元的研究传统。2019年7月，我到四川省社科院采访谢先生。说起圣灯寺，刚在其书房坐下来，他就打开了话匣子："最近好多年，每年都要做梦回到圣灯去。还是旧时候的路，从城里坐车到圣灯寺，再回去，或者坐车到青龙场，再回去，路上遇上林盘迷了路，或者别的原因，总之是没有回到家里去就醒了。"

1935年，谢桃坊出生于鲜家坝的谢家祠，当时他的父亲在牛市口的上水巷42号开了家"金菓铺"，就是我们通常所说的糕点铺。在牛市口的华阳县得胜乡高等小学堂（后为大田坎小学）读书，随后，他又在牛市口的私塾读了一年多。“1950年秋，我们全家从市区迁回成都东北近郊的老家务农。”[①]这一年的谢桃坊只有十五岁，“自觉地学习农业生产，还在田边开荒种菜”。当时圣灯寺也相继成立了农民协会，谢桃坊一度担任农民协会的青年组组长。在这里，他得到进一步锻炼。

谢桃坊从事工作时年龄不大，因为有文化而受到重视。在这段时间里，他参加工作，与农民打成一片。他还一度担任村上的卫生委员，给村人种牛痘，每天都忙到很晚才休息。1952年6月，他参加市上组织在干槐树街的扫盲师资培训班，9月，完成培训之后，回到龙潭区办新的培训班。这个师资培训班随后变更为成都市工农教育业余学校，由于谢桃坊有文化，就成为专任教员。“当时，我们有一个识字手册，里面有二千个字，能认完的就不是文盲。农民都要参加扫盲班。”这时候，他还曾回到龙潭区调查识字班的情况。

1956年，谢桃坊在成都市郊区第三中心小学（位于驷马桥）任历史和语文教员。他每个星期都回一趟老家，看望母亲，换洗衣服，星期天也会和朋友在圣灯的茶铺里吃茶。这一年小学教师可以自由报考高等学校，他以同等学力考入西南师范学院中国语文系。在大学度过了四年的学习生活。“1960年9月30日上午，天空阴沉，飞着细雨，我背着行李，提着书籍，到广汉县中学去报到。学校在县城西南角的小巷里，周围是灰黑色的高墙，大门前有几级台阶，进门后两边是许多平房教室，行政办公室在一个小院内。”[②]在广汉县中学教了两年

① 谢桃坊著：《我的芳邻》，未刊稿。
② 谢桃坊著：《激流之序曲》，未刊稿。

多的书，“1963年2月28日正是初春时节，我背着行李，手提书箱，回到阔别多年的老家。”“我们的祠堂内搭建了一些棚屋，门前的两排柏树已被砍光，再无昔日古朴雅致的风貌。”他回忆说，“次日我到农村供销社买了粪桶、扁担、锄头，由小弟带我去生产队劳动。我家尚有土墙瓦屋四间，在祠堂东厢。”虽然回到了故乡，岂料却变了模样，以至于他有一种熟悉的陌生感。

1979年，曾在圣灯公社担任书记的范正兴调到金牛区教育局担任副局长，务农的谢桃坊心有不甘，就给他写了一封信，请求发挥专长，到中学教书。随后，圣灯中学校长刘佩云调其到成都圣灯中学任语文教员，在这里谢桃坊教历史和地理。这时的他已四十多岁。在教书之余，还每天步行四十华里到和平街的省图书馆书库去读书。这种经历虽然艰苦，却为其以后走向学术之路打下了坚实基础。在课堂上，他不仅按照课文讲读，还讲课文背后的故事，以此拓宽学生的视野。作文课上，他更是让学生发挥所长，写出符合要求的作文。“首先你得有内容写，然后才能有更高的要求。”他在圣灯中学工作虽然只有数年时间，却给师生留下了深刻的印象。

在圣灯中学教书时，谢桃坊依然住在谢家祠。与故土前前后后接触数十年，也为他以后研究客家文化奠定了坚实基础。

2019年7月，我在送仙桥旧书摊淘到一册《张绍诚先生逝世一周年纪念集》。读后才知，楹联大家张绍诚与谢桃坊是表亲。谢桃坊在诗里说：“谈文避难曾家店，原是我亲亲老表。撰对留名仙女山，应称兄好好先生。”后有附记云：“我于1998年进入四川省文史馆，一次与绍诚先生在馆中闲谈。他知我在成都外北八里庄附近，遂问知道曾家店否？我言店主乃我伯父，伯母姓曾。绍诚先生追述成都临近解放时，全家于曾家店避难之事。店主母是其姨妈。我们确为表兄弟，且是乙亥年所生，故此后以老表相称。今年我于仙女山与长松寺等处皆见到兄之联语，工整而雅韵，富有新意。兄具诗人风度，朴质忠恕，从不评说人事之是非，不愧为好好先生。兄临终前留诗托人寄我：'自古表亲非外人，血缘不必感情亲。同声莫逆心灵感，万镒黄金如图晨。'我获诗后感知云：'诗情联语数才人，霁月光风实可亲。犹记淡言身后事，竟归玄圃了凡尘。'"[①]据谢桃坊介绍，曾家店是家乡店子，距离八里庄的谢家祠有一华里。

文艺家杨传球在锦江电机厂

在东郊工厂里隐藏着不少文学艺术家，他们一方面与普通职工一样从事着分内工作，一方面利用业余时间进行文艺创作，为社会奉献精神食粮，丰富了职工的文化生活。今年已七十六岁的杨传球就是其中的佼佼者。他出生于安徽宿州，1953年为寻父来到四川，不料等来的却是父亲牺牲的噩耗，西藏军区安排他在成都读书，后考取了四川美院，1965年大学毕业后被分配到成都锦江电机厂工作。

杨传球不擅交际，言谈很少，一看就是个踏踏实实的人。他在锦江电机厂的三十多年里，曾任职于设计所、宣传部、厂工会、销售公司等多个部门，而他做得最久的部门还是宣传部和厂工会。因为

① 四川省楹联学会主编：《张绍诚先生逝世一周年纪念集》（内部资料），2015年11月，第25页。

他学的是美术，进厂不久便调到厂工会任宣传干事，负责厂里的宣传画、标语、宣传栏的绘制，还要负责组织厂文艺宣传队演出活动。他一度被下放到车间劳动，依然被领导安排搞宣传，天天画宣传画，把车间的宣传搞得有声有色。两年多后，他又被厂工会调回，继续做宣传干事。为了活跃职工的业余文化生活，他组织起了职工美术组、文学组、书法组、摄影组、文艺宣传队，利用业余时间带着他们开展活动。特别是美术组，不仅定期定时安排素描基本功练习，每年还要带领大家到风景区进行户外写生、参加省市美术培训班、参加省市举办的各种美术展览，并与东郊兄弟厂联合举办美术书法作品展览。

在长期开展职工美术活动过程中，他的创作进入活跃期，20世纪七八十年代，他创作了不少反映工厂生活的作品参加美展，作品曾先后入选“四川省美术摄影展览”“成都市美术摄影展览”“成都市艺术节美术展览”“成都昆明贵阳桂林重庆油画水彩水粉作品展览”“四川省职工美术摄影展览”等多个展览，每参加一次展览，都有作品获奖。总之，在那些年里，他在成都美术圈非常活跃，他的身影经常出现在各种活动、展览会上，也经常获奖。杨传球除了画画外，还喜欢写文章，于是，市美协就把写美术评论的任务安在了他的头上，他曾给朱理存、周春芽、何多苓、贾兴桐、苏国超、李万春、谢梓雄、孙光钊等不少本省的美术家撰写过评论。苏国超曾戏称杨传球是成都美术界的“发言人”，是有原因的。

杨传球虽然是学美术出身，却一直很喜欢文学，学生时代就读过不少名著。他在工厂宣传部、工会组织文学组活动时，经常与文友讨论创作，还常常请《成都日报》文艺组的编辑老师到厂里讲课辅导，成都读者杨传球投书本报——

把国歌唱起来

国歌是有歌词的，应该唱起来。如果只演奏曲子而不唱其词，那么歌词还有何意义？但是，我们的国歌，在很多正式场合，都是只奏不唱，致使不少人都把国歌歌词忘之殆尽了。还有一些人甚至根本不知道国歌歌词，这不能不令人忧虑。

我国的国歌《义勇军进行曲》，是由田汉作词、聂耳谱曲而构成的一个不可分的有机整体，除了特定场合只演奏曲谱外，在多数庄严的会场上、仪式上及升国旗时都应该把歌词唱出来。我们的国歌是一首激越豪壮的战歌、一支振聋发聩的进行曲，她教人们要团结一致、勇于斗争、居安思危、不断前进，谁个听了不荡气回肠！对这样一首歌曲，光听演奏是不够的，还必须把歌词唱出来，反复体味，才能真正感悟到其中深刻的含义，动员全国人民“万众一心”，去战胜困难，为振兴中华民族、建设社会主义祖国“前进、前进、前进，进！”

听与唱是大不一样的。“听”是旁观、是欣赏，“唱”才是真正的参与，而只有参与，只有亲口唱起国歌，才能真正理解国歌的思想内容，意识到“匹夫”的责任。国歌是一国之音，是中华民族亿万儿女发自心灵的“吼声”，只听乐队的演奏，不仅会把具有全民意义的精神活动变为少数人的“艺术行为”，还会在无意间把参与者变成旁观者或欣赏者，这对振奋民族精神、坚定全民意志显然是不利的。

记得五六十年代时，开大会，升国旗都是要唱国歌的。“文革”期间，“歌词”被废止，从此，国歌便只奏不唱了。虽然后来恢复了歌词，但习惯已成自然，直到如今，大多时候仍然只奏不唱。而在“听”国歌时，不少人神情也不严肃，嘻嘻哈哈、交头接耳，其实，这也是“旁听”造成的恶果。合唱队员和听合唱的观众身份不同，责任也不同，一个在严肃地参与，一个在轻松地欣赏，这就是问题的症结。

国歌和国旗、国徽一样，代表着国家和民族。如果说国旗、国徽象征着我们祖国的形象，那么国歌则体现了我们民族的精神。弘扬民族精神不是一句空话，而唱国歌应该是其中重要的内容。如果很多人连自己国家的国歌都不会唱，弘扬民族精神不就成为一句笑话了吗？“声音之道，与政通矣。”因此，我以为，在进行爱国主义教育时应该大力宣传国歌、教唱国歌，应把会唱国歌作为公民的一项必具的、也是起码的基本知识，让雄壮的国歌在十一亿人的大合唱中响彻寰宇。

▲《把国歌唱起来》　杨传球供图

听得多了，渐渐他也拿起了笔杆。后来，他写了一篇散文寄给《成都日报》文艺组，不久，就接到了文艺组组长周围的电话，叫他去谈一下。他去了以后，周围与他谈了很久。那篇文章虽没有发表，却对他影响很大。几个月后，他的三首散文诗被通知采用，编辑知道他是画画的，还特意叫他为自己的文章作了两幅插图。1972年4月16日出版的《成都日报》“工农兵文艺副刊”，用了半个版的版面发表了他的《车间速写》，在厂里引起了小小的轰动。从此，他在画画之外，还要进行文学创作。那时，报纸很少，成都也只有两张报纸，要发表文学作品并不容易，所以他还是把美术作为主业，文学只是偶尔玩玩。

真正大量写作，是在20世纪80年代以后。

多年从事写作，最让杨传球骄傲的是，1990年11月6日广州出版的《现代人报》头版头条，发表了他的评论文章《把国歌唱起来》，引起了不小反响。此前，我国很多重要会议都是只演奏国歌，极少唱国歌，他看到了这一点，就呼吁把国歌唱起来。此文一经发表，就被《中国青年报》《文摘周报》等多家报刊转载，引起了广泛的重视，之后每有重要会议，只要是需要唱国歌的，不管是国家领导人还是普通百姓，都会唱国歌。

20世纪80年代，伴随着思想解放，杂文创作空前活跃，很多报纸上都开有杂文专栏，杨传球那时写作并发表了很多杂文。他的第一篇获奖杂文发表在《四川日报》的《社会随笔》专栏，文章题目是《骂的风吹过》，原以为发表了就算了，不料当时的编辑杨文溢老师给他写来一封信，告诉他文章获得了三等奖，还鼓励他继续供稿。这给了他极大的鼓舞，此后全国各地的报刊上也经常看得到杨传球的杂文。那时，征文评奖活动也多，杨传球经常得奖，曾被朋友开玩笑称为“得奖专业户”。1990年，他写的书评《雷锋没有走》获得全国职工书评征文二等奖，四川只有他一人获奖，为此他还应邀去北京参观了中南海，并在人民大会堂参加了颁奖会，接受中央领导人授奖。

此外，杨传球在小说创作中也取得了不小的成绩。1990年，四川省总工会、四川省作家协会和四川省职工文学基金会举办了首届“五一杯职工文学大奖赛”，首次写小说的杨传球以一篇小小说《误会》斩获大赛一等奖。这个成绩给了他极大鼓舞。第二年，《百花园》《小小说选刊》杂志举办全国小小说大奖赛，他也顺利获奖。多年来，他的小小说被几十种选刊、选集、教辅书籍、网站选用或转载，还被选入试验教材《新语文》。

杨传球先后出版了《丑陋的我》《丑女》《燃烧的画布》三部作品集。四川省总工会和四川省职工文学艺术基金会于1997年授予他“八五期间四川省五一文学艺术奖”。可以说，杨传球是从锦江电机厂走出的文艺家。

圣灯走出来的诗人其然

20世纪80年代是成都文学的黄金时代。当时的成都城区尚划分为东城区、西城区和郊区。东城区和郊区紧临，虽然在地理上有分割线，但多数时候，出了府河，就被称为东郊了。青石桥南街76号曾为东城区文化馆的所在地，这里有黑漆大门，深宅大院，地处市中心。一大批做作家梦的青年，被一本油印刊物《红杏》深深地吸引着，这是一本1980年创办的综合性文艺杂志，每期约一百页，容纳十万字左右。这本杂志培养了不少文学青年。

作家温志航先生在一篇《东城区文学青年“红杏出墙”》里写到了东郊诸多的作家诗人，他特意提到诗人其然：“本名陈红兵，80年代习诗并发表，作品见于《绿风》《星星》《中国诗人》《四川文学》，曾经荣获‘中国作协征文三等奖’等，出版诗集《原版成都》，现为《诗领地》执行主编。”

其然是土生土长的圣灯人。他出生于此，并在崔家店的太平村小学读书，中学就读于八里庄中学。回忆起圣灯生活，其然还是充满了激情，他甚至为东郊写下了数量众多的诗行。

在《原版成都》的序言里，其然说：“写东郊，是因为它是成都不可或缺的部分。当然，主要是因为我本身，我的家，就在成都东郊的一个工业区，习惯上，大家把它叫作东郊。它是地处成都郊区的工业区，是当时外国人不可逾越的地方。工厂、仓库都夹杂在大片的农田之间，基本以围墙为界。这是成都经济生活的命脉。它拥有成都全部的生产、生活物资。钢轨纵横，竹林盘点缀其间。每一道围墙，每一道田埂，都可以把蛙声和虫鸣重新唤醒。郊区的马路不同于城里的柏油路，郊区的马路大多是用碎石和黄泥铺就。每逢下雨天，塑料凉鞋远不如赤脚利落，硌起的疼和深秋的冷，至今仍有记忆。但是，东郊也是快乐的。从春天到冬季，冬水田，瓜果地，只要走出院墙，就徜徉在大自然中。捉鱼捞虾，从撸榆树花开始，到忍住寒冷在菜叶中摸冻冰；从摘桉树果打‘啵啵枪’，到滚铁环，挖黄泥做坦克，城里的、乡村的，南方的、北方的，所有游戏都在孩子们的童年中随季节流行。众多的国营企业，包含着来自全国各地的人们。各种方言，在一定的区域内，就成了当地官方通用语言。这里的生活习惯，既不同于市区的居民，也不同于当地的农民，地处成都，又有别于成都。”

在其然的印象中，东郊是块很特别的天地。“我们小时候虽然在城郊接合部生活，简直就是一墙之隔，里边是城里人，外边是农村人。但在同学中间没有这样的区分。”其然说起儿时故事，好像回到了五十多年前。当时听说的圣灯故事很多，这里还是大片大片的农田，大坟包、小坟包还留下了足迹。不过，1956年东郊成为成都的工业区，许多企业陆续上马，一些生产队的土地被征用、建厂，当地农民就逐渐转为城市户口。这样才有了圣灯的多元文化。

诗人其然对东郊感情很深。现在他仍时不时回到圣灯去，在几家老茶铺喝茶、会朋友，完了就和朋友在旁边的小馆子吃“跟斗酒”。这里消费不高，也与其农家的节约精神有关。这样的老街巷在圣灯如今是越来越少了。“本来我也可以像有的同学那样走仕途，现在至少也大小是个官员了。”但他并没有选择这样的道路，而是坚持业余爱好——写诗。在他看来，自由散漫的生活更适合自己一些。然而，这样的自由是有代价的。其然先是在原省建下属的四川华兴机械厂工作，这是一个以修理建筑机械为主的修理厂，后改造成了以制造建筑机具和建筑用品为主的机械厂，当时在成都是很有名的。在下岗潮来临时，他成了下岗工人。不过，其然很快在九眼桥附近的一家单位找到新工作，一直做到现在。

其然熟悉的圣灯寺这些年也在逐渐发生变化。农田已经消失殆尽，原来的乡村生态、竹林盘被高楼大厦所替代。“在圣灯寺是没有古建筑的。只是在一些地方（如圣灯路）保留着五六十年代的红砖房，这个数量也是越来越少了。”在采访其然时，他说这是经历了“三千年历史之变局”，从农耕文化转向城市文明。

2018年，其然出版了自己的首部诗集《原版成都》。在这本诗集里既有他的东郊记忆，也有成都的桥梁河流的记录，宽窄巷子、杜甫草堂都成为他笔下的内容。有意思的是，外地读者将这本诗集称为“跟着其然行脚成都”。

从四十九中走出的歌唱家李丹阳

在很多成都人的记忆里，李丹阳生于成都。圣灯人还记得她出生在这里，在圣灯中学读书，在家排行老三。李丹阳的父亲李盛曾是部队的文艺骨干，爱拉二胡、踢足球，李丹阳深受影响，酷爱文体活动，父亲就给她买扬琴、二胡、口琴，而妈妈赖高碧也是一名文艺工作者。

李丹阳的父母都是成都蜀光石油化学厂干部。该厂始建于1958年，由原国有中型企业成都石油化学总厂改制组建。李丹阳的父亲转业到地方时，就进入了这家工厂工作。他们一家住在天回镇的老街上，李丹阳小学毕业后，顺利升入圣灯中学。那是1979年的事情。

彼时，李丹阳也开始进行音乐训练，准备未来参加艺考。妈妈经常陪着她在东风渠畔练嗓子，她对李丹阳说："如果你的嗓子盖不住瀑布的流淌声，那你便无法震撼观众。"毫无疑问，这对李丹阳的音乐观造成了深刻影响。

尽管好妈妈胜过好老师，但若没有一位关注李丹阳的音乐老师，恐怕她也很难成长起来。

有一篇记叙李丹阳成长的文章说她读中学时，遇到的一个平凡的中学音乐老师，姓夏。他及时出现的意义，在于阻止了一颗明日之星向武林沙坑急速坠落，以此成就了自己的半生和学生的一生。那时的李丹阳不过是个贫穷且不出众的中学生，看不出将来有什么出息。"我很幸运，一生中遇上过几位好老师。"在她的描述中，夏老师是个武训式的人物，教师的奉献精神几达痴愚程度。她说夏老师是个不会做家务的男人，有次演出前她因病失声，急得夏老师生平第一次学着熬中药，忙碌了半天终于把药罐打翻在地。“没有夏老师，我可能不会走上音乐这条路。”多年以后，她这样说。

1982年的初秋，芳龄十七的李丹阳告别了圣灯，开启了她全新的音乐人生。

我在采访林文询先生时，他告诉我一段李丹阳的故事：前些年“超女”红火的时候，她来成都体育馆参加一个娱乐活动的评选，不少“超女”和她合影，当成“大姐大”。她跟我聊天，说是我的学生。那么多年过去了，我不记得是否教过她的课。但算一算她在四十九中读书的时间，也许是教过她的。

“当时李丹阳在各个方面表现得不是特别出众，不过她肯用功，这就决定了她的艺术之路。”林文询说。

在四十九中人的记忆里，李丹阳是很出色的校友，但因为她是文化名人，甚少参加学校组织的文化活动。尽管如此，李丹阳的事迹在四十九中依然是传奇故事。

不过，我查阅了近年来媒体对李丹阳的采访，发现采访李丹阳的文章中，几乎从没有提到她在东郊读书的旧事，却提到了其“孝子”行为。《中国政协》曾在2014年刊发的一篇文章中写过这样的事：

> 1994年7月，李丹阳的父亲身染重疾住院治疗，正在准备一年一度的“双拥”晚会演出的李丹阳得知此消息，心急如焚。在请示领导后，她立即赶回成都。
>
> 这一次，李丹阳在父亲身边待了10天，每天为父亲洗澡擦

身，无微不至地照顾父亲。也许是上天被她感动，老人幸运闯过了这一劫。然而2007年，李丹阳父亲病情再次危重，而此时李丹阳正在参加第八届全军文艺会演，一边是工作，一边是病重的父亲，李丹阳左右为难。最终她选择坚守工作岗位。待她演出完匆匆赶回成都时，父亲已离开人世了。

父亲去世以后，她把妈妈接到北京一起生活。“2013年7月，一向健康的母亲，被发现患有肝癌，且已到了晚期。李丹阳背着母亲四处求医，并尽可能地带着母亲去她想去的地方游玩，寄希望于‘快乐疗法’延长母亲的生命。然而，她的孝心及努力却未能逆转母亲的病情。2013年11月上旬，老人已出现不时昏迷的情况，于是李丹阳便与两位姐姐又把母亲从北京转院到了成都军区总医院救治。”虽然如此，还是没能挽救妈妈的生命。李丹阳的“孝心”与在圣灯中学读书虽说没有直接关系，但毫无疑问的是，这也是与圣灯中学的教育有关的。

视障作家陈光炅在黑暗中奔跑

在圣灯的作家群中，视障作家陈光炅是最为年轻的一位。2019年4月，在毛边书局·桃蹊书院举行的“《黑暗马拉松》新书分享会”上，我第一次知道他出生于圣灯村四组。

熟悉陈光炅的朋友，称他为“阿炅”。他从小就生活在圣灯，因此对这一片区印象深刻，说起圣灯生活，他有着满满的记忆：“我就出生在圣灯四组，但由于六七岁便随父母搬到了华兴东街居住，一住就是八九年，待再回圣灯居住，那时母亲已农转非进入红光厂成了一名工人，以前的粮田大都另作他用，有的上面盖上了楼房，有的建成了仓库，这让我对圣灯的记忆更为混乱和模糊，不过也有一些片段性的记忆牢牢印在脑海，成了现在记忆里的故乡。我爷爷和爸爸都喜欢看书，我受他们的影响很大。”他说，幼时他就很爱读书，四岁时就开始背诵《千家诗》《唐诗三百首》，他家里的藏书差不多可以装七个大书柜。陈光炅回忆说：

从有记忆的那一刻起，土坯墙、茅草顶便构建成了家的形象，虽然感觉很是简陋，但屋外一片片竹林却让这茅草房有了脱俗的气息。

伴随着年龄的增长，我的世界也从婆娑的竹林飘向了更远的地方。竹篱笆圈起的一块块菜园横亘在竹林的前方，踏过蜿蜒小道便是几块被田埂分割出来的稻田，夏秋时节这里就是蛙叫虫鸣的舞台，让我一次次带着好奇前去探寻，然而最让我感到既神秘又害怕的是稻田那端的钢铁怪兽，时不时它都会喊叫着、瞪着如磨盘一般大的独眼、喷着热气，从未知的地方来，又到未知的地方去，这个怪物困扰了我多年，当时父母只是告诉我那叫火车，非常危险，不能靠近。

少年的心都是被好奇所充满，探寻的范围跟随年龄越走越远，最终将能去的地方都探了个遍，渐渐地，一张地图被勾勒出来。

那钢铁怪兽是从二仙桥驶来的，在圣灯乡的乡公路与之交界处分为了两条，一条驶向107厂，而另一条却驶向耐火材料厂，而我的家所坐落的位置正好与两条铁路和乡公路共同组成了一个太字，我的家的那个点，像是一座孤岛，当然，这座孤岛上不仅仅只有我们一家人，圣灯四组大部分居民都簇拥在这个点上，而两条铁路的另一边是圣灯七组和红光厂。[①]

圣灯七组还曾经有一座古墓。阿炅回忆说：“在属于圣灯七组的一片竹林深处有一座坟，不是说我们这里没有其他的坟，其实不论是四组、七组，还是更远一些的八组，只要有竹林的地方或多或少都是有坟存在的，而七组的这座坟和一般自家的坟有所不同，这是一座古坟，听说是清朝末期一位官员的坟墓，不过在我知道它时，这座古坟已是被刨了开来，时不时成为我和其他小伙伴捉迷藏的场所，毕竟这座古坟有那么大，而且上上下下还有不少的地洞，正好可以躲于其中。据母亲讲述，当年在古坟前还有一头被挖出的小羊羔的石像，白白的很是可爱，只是任由我如何回忆，也想不起这头白色小羊羔的模样，母亲也不知最后这头小羊羔流落到了何处。”

在2004年确诊为“视网膜色变”之前，阿炅是一个律师事务所的文员，过着普通的生活。至2005年，眼疾越来越重，逐渐夺走了他的视力。最终，陈光炅不仅双目失明，还失去了工作，也与结婚四年的妻子离了婚。这让他的生活一下陷入低谷，情绪低落，酗酒，他变得越来越难以与陌生人对话，即便是对儿子，他也没有更多的话要说。

① 陈光炅著：《记忆的点滴》，未刊稿。

2005年底，阿炅找了一份按摩店的工作。一年后，他发挥自己的推拿技术优势，前往广州先后开了两家推拿店，收入成倍增长。不管是在成都还是广州，工作之余的陈光炅把更多时间用在读书学习上。

“世上职业千百种，唯独盲人大多都被推拿这个行业所套拢，我想继续写作，不想再去做推拿！”阿炅后来回忆，开按摩店两年，只能达到糊口的程度。“既然都是糊口，不如就做我喜欢的写作。”

一个偶然的机会，已经失明一年的陈光炅参加了成都市残联的免费电脑培训。一个月的培训后，他已经能够使用盲人专用的读屏软件操作电脑。这就促使阿炅尝试着进行文学创作。2009年5月，他就在起点中文网上以“幽灵书生99”的笔名发布了以自己为原型的第一部小说《奇迹天地》，并由此成为该网站的签约写手。七年多的时间，他先后发表《逆天指》《新羽翎》《鸳鸯错谱》三部小说，总字数超过四百万，受到众多网友追捧。经过不断努力，阿炅的作品先后在国内外获奖：2014年，陈光炅曾获得菲尼克斯国际残疾人诗歌竞赛三等奖；2015年，其作品《听虫鸣》获得全国盲人散文大赛二等奖；2016年，他创作的《没有领悟的领悟》获得全国盲人小小说大赛三等奖。取得这些成就，阿炅比常人付出了更多的努力。

2019年4月，阿炅的《黑暗马拉松》正式出版。他不仅写作，还积极参与“跑马”活动，西昌、都江堰、重庆……凡是成都周边有马拉松赛事，他都会报名参加，家中也挂满了大大小小的跑马奖牌，说起它们的来源，阿炅更是如数家珍。而《黑暗马拉松》就记录了他跑马拉松的心路历程。

阿炅跑马拉松始于2017年3月，这之后他经常去参加半马运动。

通过陈光灵的描述，不难了解到盲人跑马面临的困难和挑战——不仅要战胜心理的恐惧，还要战胜身边环境带来的困难。不仅如此，还需要助跑志愿者，才能完成跑马的训练、比赛。幸运的是，陈光灵家住的小区楼上就有一位志愿者，一直在帮助阿灵训练。现在，他在写作之余，依然在坚持跑马运动。

圣灯，从乡村到都市

圣灯街道2000年之前是涉农区域，随着城市建设步伐的加快，圣灯街道也迎来了从乡村到都市的身份转变。在这个转变过程中，不仅存在着社会变迁，也还有着更深层次的人文变化。一些乡村记忆渐渐地被城市记忆所替代。当我们回顾圣灯的历史时，从中打捞出了“圣灯记忆”。

从乡村到都市，圣灯人所面临的不只是身份的转变，也有生活方式的变化，圣灯人旧有的生活方式也随之逐渐消失。这当然是因其地处成都近郊的缘故。在现代城市发展历程当中，圣灯人也面临着如何融入城市生活的问题。但不管怎样，这样的变化是圣灯人数十年来想也不敢想的事。正如诗人其然所说：“我们圣灯与城区只有一墙之隔，外边是农村，里面就是城里人。”从城乡分割到城乡融合，这是城乡关系演进的基本规律。在圣灯，自人民塘、崔家店、关家堰由村庄转变为社区，就开始了新生活方式的变革。

社会学家罗伯特·E.帕克曾说：“家庭与邻里中存在着亲密的‘初级关系’。在这个圈子之外，有一个更具影响力的大圈子，我们称之为‘社区’。”这是一个更强调个体化的时代，而社区则凝聚着未来和希望，在社区变革中，圣灯人选择的是融入，这也从某种程度上促进了圣灯的人文和谐生活的延伸。

人民塘村简史

人民塘的传说

20世纪80年代，走在人民塘村，以及周边的几个村落，常常会遇见一个个竹林盘，还有遍地的庄稼和田野，彼时的乡村让人感到很亲切。“我们每年都要穿过十里店、小坟包到圣灯来，因为有亲戚在这里。”诗人张凤霞曾经跟我描述她小时候到东郊的旧事。当我在2019年走访人民塘社区时，这里从人民塘村改为人民塘社区居委会已有十五年了，人民塘这些年的变化，既有人们身份的转变，也包括了居住环境由乡村向城区的转变。人民塘村的故事，在2014年被收录进一部叫《人民塘村志》的图书里。这也是成华区唯一的一部村志，记录了一个村庄的变迁。

人民塘村所处位置属于丘陵地带，地势东高西低，呈东西走向。从东西朝向看，整体形态呈手掌型。东面与龙潭寺的向龙、圣灯的东华连接，南面为关家堰，西面与青龙场的海滨湾村接壤，北面则与龙潭寺的保平村相连。这里居住的人们多数是客家人的后代，自湖广填四川就在此繁衍生息，许多人仍保持着古朴的民风、客家的方言，独特的民俗习惯，显示了客家文化的独特魅力。居丘陵山地、住围龙屋、吃咸干菜、穿大襟衫，做“百岁”、合“八字”、坐“八仙桌”、“捡金二次葬”，无不显示出其特有的历史文化痕迹。在今天，这些痕迹也已变得愈加稀少。

从行政区域上看人民塘的变迁，其历史脉络所展现的是一个村庄的历史归属，变化并不是特别大。民国二十三年（1934），人民塘村属华阳县隆兴乡六保、七保、八保。1950年，村里的各组成立了农民协会，也是统归华阳县管理，这一年村名变更为“人民塘村”。再后来其先后划归为温江专区、成都市郊区、金牛区、成华区。李彬曾由圣灯乡下放到人民塘村任职，故而对村庄的变化极为熟悉，现在回忆起人民塘来，依然感叹村庄变化太大，不仅人民塘如此，圣灯乡到圣灯街道都反映了改革开放这四十年的剧变。

▲ 成华区第一部村志《人民塘村志》
朱嘉婷摄

在叙述人民塘村的历史时，大多都会提到在人民塘村六组，有一口堰塘叫“人命塘”，在改田改土过程中已变塘为田了。翻阅1992年版的《成都市街巷交通详图》还能看到人民塘的所在位置，就是靠近人民塘村的北首，在其附近还分布着灯草堰、林家堰、南冲堰、张家堰、张家大堰、拔毛堰、双巴堰等诸多的堰塘。这也就是说，农耕时代的人民塘，面朝黄土背朝天，最离不开的是堰塘，直到人民支渠、东风渠建成才改变了这一状况。

“人命塘”的得名，来源于一个流传已久的传说：很久以前，有一年天大旱，有两个村民在隔塘的各自地里种地，因为争塘水浇地发生纠纷，就隔塘对骂。其中一人说：“你再骂我，我就用锄头挖死你！”傍晚时分，发现被骂之人死在自家地里。死者的家人没有从他身上发现任何可能致其死亡的伤痕，感到很奇怪。村民们也觉得很蹊跷，百思不得其解。为了解开这个谜团，村民们合力放干池塘里的水，结果除了发现塘底有一行脚印外，找不到任何他杀的证据。当地村民就将这个池塘取名为“人命塘”。后来，随着江湖文化盛行，当地袍哥组织为了发展势力，在人民塘村设立“堂口”。“堂口”设立后，为讨个吉利，将人命塘改为“人寿塘”①。不过，袍哥在此发展的具体情况也在历史演变中湮没了。

人民塘村还曾创下多个第一，如《圣灯乡志》记录改变饮用水的情况：“1987年6月底，圣灯乡人民塘、东华、长林三村从1986年7月至1987年6月底，先后投资60万元，建成8座小型自来水塔，使6800多村民彻底改变了祖祖辈辈长期饮用肮脏、混浊的河沟水和堰塘水的历史，加上以前陆续建成的水网，圣灯乡成为全省第一个基本实现自来水化的乡。”

---

① 圣灯街道办事处人民塘社区编：《人民塘村志》，新华出版社，2014年，第16页。

回不去的时光

湖广填四川以来，成都东山逐渐变成了农业生产基地，这里的土地也被很好地开发和利用。虽然我们今天已经无法洞察当年农业发展的情况，却不难想象在这块丘陵之地，农田的周围散居着林盘，客家人艰难起步，靠着勤劳经营，终于有了一片赖以为生的土地，这样的发展历程也被客家人记录在自己的族谱里。《四川客家历史与现状调查》记载，圣灯的客家主要姓氏总计有三十多个，而人民塘村就有张、李、刘、钟、曾等姓氏，他们大多是从广东梅县五华迁徙而来，在数百年的历史中，对于人民塘村历史文化的传承无疑发挥了重要作用。

在人民塘的历史上，这里长期种植水稻、小麦、玉米、红苕等粮食作物，这种状况到20世纪70年代农业技术推广之后才发生改变。《人民塘村志》“粮食生产”条下记录：“20世纪50年代，水稻和小麦是人民大队的主要粮食作物。在传统的耕作模式下，生产力低下，农业科技非常落后，粮食产量很低，尤其是受水利条件的限制，水田一年之内种一季水稻，旱地种一季小麦和一些经济作物。粮食亩产量一般在400余斤。”

除了农民自主生产之外，青年们也在发挥作用。1973年，人民塘村成立了青年突击队，由林全荣、张同根（五组）负责。在成立之初，就参与改造民兴中路，此后加入大规模的改田改土活动：一是将小的田块改为大的田块；二是将坡地改为梯田；三是增加蓄水能力，大力改扩水塘。这支青年突击队为人民塘村的农业发展发挥了重要作用。

“人民塘村在退出农业生产之前，一直有种植粮食、蔬菜的习惯，那时候田野里是川西坝子的景象，看上去很朴素，现在这些农田都已消失了。”在回忆过去时，老一代的人民塘人还是忍不住感叹时光的流逝。《人民塘村志》中列举的数十种农业生产用具，包括拌桶、晒席、耙、筛子等，而今在人民塘社区已绝迹。

2000年，人民塘村退出了粮食生产，种植以经济作物和蔬菜为主，这时期的蔬菜种植早、中、晚配套，品种多样化，一年四季都有鲜菜上市。品种包括大小白菜、莲花白、花菜、青菜、空心菜、菠菜、胡萝卜、白萝卜、莴笋、豇豆、茄子、芹菜、莲藕、土豆、洋葱、黄瓜、苦瓜、豆角、丝瓜等。此外尚有油菜、绿豆、黄豆、胡豆、豌豆、生姜、平菇及海椒（灯笼椒、朝天椒、大红袍、酒椒等）。2003年，蔬菜年总产量多达274万公斤。

那些年的村办企业

人民塘村最大的变化是从20世纪60年代开始的。在1949年之前，人民塘没有企业，只有少量的碾坊、磨坊等小型的手工作坊，以方便村民所需为主。到了20世纪60年代，才先后建起了第一挂面厂、第二挂面厂、五联挂面厂、五联米厂等一些小型加工厂。这些加工厂是为了满足村民的生产生活要求设立的。当时的人民塘还是以农业为主的村庄。

1979年，人民大队决定兴建人民第一机砖厂。建这个厂并不容易。《人民塘村志》记录："通过向群众宣传动员，请教专业师傅，组织人员到德阳、广汉等地考察学习，在金牛区各级政府部门和社队企业的大力支持下并向省建三公司及成都天然气公司请求支持，克服重重困难，最终解决了建厂所需的资金和设备两大难题。"在大队仅有7000余元资金投入的情况下，历时78天，第一机砖厂在当年10月建成投产。

这一时期的城市建设正处于百废待兴状态，对红砖的需求量极大。砖厂也得到迅猛发展，工人最多时有240人，年产红砖2000余万块，年产值80余万元。这样的成功经验前所未有，"大队负责人多次出席区乡会议并作经验交流发言，多次受到区委、区政府的表彰"。鉴于当时砖厂发展的好形势，第二年就建成了人民第二机砖厂。《人民塘村志》说："砖厂的发展，使农民的收入从一人一天挣十个工分价值几毛钱到价值几元钱。劳动收入增加后，家家户户有了积蓄，于是社员开始买砖改造自家住房。经济发展让农民得到了实实在在的实惠。"这也被视为"人民大队企业迈出的具有划时代意义的一步"。

这里需提到人民塘村建设最早、发展最快、效益最好的村办企业之一的金圣汽修厂。1986年，圣灯乡对各村提出了"一村一楼一公司"的发展指导意见，并对相对落后的人民塘村提出"向平坝村学习，穷则思变，奋起直追"的特别要求。为此，"以工代补，以工富农，农工并举"的战略得以实施。然而，在这样的背景下，金圣汽修厂被政府有关部门查封并没收了营业执照。这发展背后显示了村办企业的最初的"野蛮生长"。

事情的原委是：金圣汽修厂由于不懂行业相关规定，在无执照无资质的情况下，擅自违法拼装大汽车，并销售给重庆市南岸区的两家单位，被成都市公安局车辆管理所查封，不准生产营业，没收企业证照，没收已卖出的一台大货车和一台大客车，没收两台尚未卖出的大货车和两台大客车，并处罚金15万元。重庆的企业又将金圣汽修厂告上法庭，要求赔偿其经济损失。为了保住汽修厂，时任村党支部书记李华清等人东奔西跑，做了大量而艰辛的工作，赔偿重庆的公司8000元经济损失，汽修厂得以解封。这也给村办企业发展以警示。这次事件被称为“金圣汽修厂事件”。

由“野蛮生长”到有序发展，村办企业就这样一步步走过来。到2003年时，人民塘拥有塑料制品、建筑材料、车辆配件、机械加工、仓储物流、餐饮等门类企业367个，可谓得到空前的发展。这一时期的村办企业就有27个，从业人员751人，个体私营企业340个。不少人从中看到了巨大商机，与种地相比，商业带来的冲击不仅改变了人们的思维模式，也带动了乡村经济的发展。有一组数据显示，到2008年，人民塘社区招商引资企业多达500余家，这让人民塘不再依靠土地生活。

崔家店记忆

说起东郊的崔家店，可能很多人对此地名耳熟能详，但要说起崔家店的故事来，知道的人还真是不太多。比如说国民政府时的成都警备区司令严啸虎就出生在这个村落，而严姓在崔家店是大族。20世纪五六十年代，崔家店还是小村落，后来渐渐地发展成九个组，这其中的故事也就逐渐多了起来。这些故事虽然多是个体记忆，却是圣灯街道历史文化的一部分。

崔家店的由来

成都理工大学现在的校址有一部分是位于崔家店村的。“但曾经的崔家店村和今天的崔家店社区有着些微差异。”1943年出生且土生土长在崔家店村的陈信伦这样说。

关于崔家店的由来，《成华坐标》一书里记载，崔家店位于成都市城区东部，属成华区圣灯街道辖区，原是一个自然村，因店而得名。据说崔家店为明末清初移民至此的崔姓人氏修建，迄今已有数百年历史。

曾担任崔家店书记的陈信伦在接受访谈时就开门见山地说：“崔家店多少年来一直没有姓崔的人家。后来有位崔姓女子嫁过来，崔家店才有了姓崔的。”

不过，陈信伦对崔家店给出了新解释：崔家店的崔本是吹风的吹字。很早以前，崔家店有四户人家，就在关家堰河的两岸，为了交通方便，几户人家就商量修一座桥。后来，桥修好了。其中谢姓人家不愿意出钱，石匠就对着谢家做了石头的牛角，路过的人都可以吹吹牛角，没过几年时间就把谢家吹垮了。于是，这里就叫吹家店。后来地名普查时，可能觉得吹字不大好，就改成了崔家店。

此外，《成华坐标》还记录，崔家店旧址在横跨崔家店路的关家堰河下游约五十米处，地处崔家店南路的机电设备厂后面。在未建设牛龙公路前，崔家店是双桥子到龙潭乡便道上的幺店子，跨石头桥两岸，瓦房茅屋，有贩米铺和糍粑店。野店虽小，行路必经，路人呼店名的频率也就越多。这一带历来有个很奇怪的现象，每至洪水季节桥都不会被淹没。至于为何，至今无解。1958年，牛龙公路建成后，这里的商店便废了，桥亦不存，唯桥下流水缓缓流淌，讲述着曾经的故事。

陈信伦回忆说，幺店子和崔家店的位置一样，是从牛市口到龙潭寺必经的道路。但并不是同一个地方，它们相聚有几百米远。“这些老地名只有土生土长的崔家店人才清楚了。”

蔬菜村转变思路

1958年，成都东郊各国营企业陆续上马。崔家店位于成都地质学院（今成都理工大学前身）旁边，以前是以种粮食和蔬菜为主，但要搞活经济，改变乡村的面貌靠种地显然不够。如何才能把崔家店变得与城区接轨，无疑困扰着当时的村干部。

陈信伦回忆说："崔家店最早连个村办公室都没有，村里开会，都是在村周边的空地开会。"能干的陈信伦就和同事们想方设法盖了几间草房子作为村办公室。20世纪80年代初，成都开始改革开放，村组都可以创办企业，崔家店当时还属于金牛区圣灯乡，他就跑区上、省乡镇企业管理局要政策、做项目。后者有个办公室就设在崔家店，所以也都熟悉，就商量着办厂，先是办成都十里店标准件厂（1978年底），后又办修缮队。办标件厂是最困难的，既需要原材料，又需要技术，好在省乡镇企业管理局给予技术支持，东郊的企业老技术员多，这也就解决了技术问题，所以成都十里店标准件厂办得还不错。

《圣灯乡志》有一篇《成都十里店标准件厂发展简况》，记录了其发展历史："创立初期，只有七八个才放下锄头、扁担的农民，有几间原打米用的草房（200平方米）和两台车床、一台冲床，主要做一些农机修理，年产值2万元，只能维持几个人的低工资。"严树生担任厂长时，工厂得到了最好的发展。

到董维清担任村农委主任时，村上主要是发展乡镇经济，农业要弱一些。因为村办企业可以解决一批人的就业问题，这样一来，就促进了崔家店的逐步转变，种蔬菜的人家越来越少。"你看，现在崔家店已经没有地方种蔬菜了，楼盘的增加，让我们跨入了城市生活的行列。"董维清说，这样的转变是地方经济发展的趋势。而董维清说起崔家店的过去，犹如前尘往事。

陈松元对此有着相同的意见。他说："1987年，乡上让我们村报村办企业年目标，当时说的是300万，没人敢应。我就说成600万，那一年年底，我们村的几家企业完成了700多万。”这一下让人刮目相看。到了1990年前后，崔家店的企业完成的任务是3000万，这也是村办企业的黄金时期。说起这些故事，崔家店人都觉得这样的好时光是回不来了。

曾在东郊工作的刘新、白羽写过一首《城乡巨变》记东郊的变迁：“小燕翩翩寻旧巢，盘旋往复遍城郊。啁啾记忆原非差，瓦舍难寻楼耸高。”如今的崔家店虽然没有了旧时模样，但从这些老人的回忆里，依然可以感知这个渐趋消逝的时代。

长林盘村记事

如果不是特别留意，可能我们在圣灯行脚，就会忽略掉长林盘社区。以前这里叫长林盘村。《成华农村概要》记录："地处成都市东郊十里店，东与龙潭乡丛树村交界，南连崔家店，西与成都理工大学接壤，北接圣灯乡东华村。"长林盘资源丰富，东风渠从这里流过，且有多条道路从这里经过，在2003年，公交20路、222路、城乡2路也经过长林盘。

《成都市金牛区地名册》则说：长林盘"为一长条形慈竹林"，也就是说这里曾经有一块竹林盘。当年的这个长林盘是怎样的状况，如今已没有人可描述出其详细的情形。

学者段鹏、刘天厚在《林盘》里写道："第一，地理条件，主要为平原地区，气候湿润，降雨量及水源丰沛，地质条件适合稻作。第二，生产方式，为小农经济、自给自足、稻作为主的灌溉农业。第三，家庭结构，为'随田散居'的团状分布式。第四，居住空间形式，为院落式。第五，生态景观层次，为田、林、宅院。第六，蜀水文化，凡人类聚居之处均离不开水，农耕文化必然与水密不可分。"那么，这个长林盘的主人家是哪位呢？

《成华坐标》里记录了长林盘的历史："在城区东部，属成华区圣灯街道辖区。自然村，原成都警备司令严啸虎住宅林盘，东南长约500米，树林高大茂密，小孩不敢入内玩耍，是军阀官僚搜刮民脂为自己享受的见证，修筑成昆铁路时，占用林盘东端。”严啸虎在这里的居所当时是怎样的情况？应与当时客家人所居住的林盘是相似的。我查阅了一些成华区与长林盘相关的材料，却没有发现更多的记录，也许这跟其身份特殊有关。

钟禄元曾在《东山客族风俗一瞥》里写过客家建筑：“客（家）人的住房，是很坚实的建筑，所谓‘二堂八厅，四横五井’，结构谨严，与普通四合式的建筑，全不相同。屋子的内部四通八达，一连数十间，用土砖砌成，所以很坚固。屋顶上以盖陶瓦的居多，其次就是盖麦草，又高大，又整齐，壁上多涂洁白的石灰，每当旭日东升，或夕阳西斜的时候，假如你从远处遥望那丛林中的白屋，真是一幅美丽的图画，别有一番风味！他们的上堂屋是供神的地方，南北厅是宾客招待所，两边上下厅及横屋五间，是宿舍厨房，后两边上下厅及横屋五间，或作仓库，或作仆人的宿舍，或放器物等，晒坝两侧屋子，多供牛圈猪圈或厕所之用，大门两旁俱属花园，屋后为大林园，景致秀丽，飞鸟成群，一幢幢的都是精美的田舍。他们这种建筑，最适宜于大家庭的居住，因他们的传统政策是‘耕读传家’，所以他们的经济基础多建筑在农村，平均估计在八人以上的，占绝对多数。他们有二句俗话道：‘人多好耕田，人少好过年。’而他们这种建筑，既利居住，又便农作。他们的房屋虽多，而外面的门总是同时有三座门，一座大门和两座小门，这一点和别处疏疏落落的小家庭式的建筑颇不相同。”

长林盘村在今天已变为长林盘社区，因拆迁安置的原因，大部分居民住在华林社区。从居民对长林盘的回忆中，还能看到旧时情形。

随着时间的推移，长林盘的故事也会成为过去时。

我去长林盘社区联系采访时，意外地扑了空。住在华林社区的长林盘居民，也较为分散。在一份“圣灯组织汇”对长林盘社区的描述中，我看到：“其他人员在外租房过渡，社区属于无院落、无人员、无场地，活动开展较为困难。”长林盘社区的办公室位于成都市成华区民兴北一路与向龙二路交会处的里面，是临时搭建的办公场所。因此要想通过社区联系当地生活的老人，并不是件容易的事。在未来，随着社区的功能日益完善，这里的故事或许会被挖掘出来。

关家堰旧事

在圣灯的十个社区里，关家堰社区是最为独特的，因其地处二仙桥，紧临火车东站（货站）、成都机车车辆厂、武警四川总队后勤基地、成都理工大学、成都红光电子管厂等十余家大中型企事业单位，呈现“厂夹村（组）的地理环境”。

关家堰，最初名为“官家堰”，后来演变成今天的地名。2000年以后，关家堰通过农转非变身为“关家堰社区”，这也是圣灯最早的一个农转非社区。在圣灯街道走访时，我留意到这里既有关家社区，又有关家堰社区。前者占地面积0.81平方公里，下辖5个居民院落，包括关家大院、上城国际、树生苑、十里彩云间、U+尚舍。后者则是较为分散的社区形态。

在过去的年代，关家堰是以农业为主的村落，与东山众多的乡村一样过着农耕生活，且是靠天吃饭。在这里生活的人世世代代都是客家人。后来为了解决种地问题，居住在这里的官姓客家人修建了堰塘，以确保这一带的农业生产。至于官氏如何移民入川在此落户的情形，已经无考。不仅如此，连官姓人家是如何离开此地的，也已无法查证，在关家堰已找不到官家后人。

农业社会最离不开的是水源，流经关家堰的河流有下涧漕，其经过圣灯的人民塘、东华、关家堰社区。此外，经过关家堰的还有一条方家河，此河从熊猫大道以南东风渠流出，在圣灯的关家六组汇入石湃渠。当然，东风渠的修建也使关家堰间接受益。在农业社会时代，它们保证了这一块土地的粮食种植。20世纪70年代时，关家堰始转型为蔬菜种植。《成华农村概要》记叙："主要品种有莲白、莴笋、萝卜、花菜、茄子、海椒等多种精细品种。2003年蔬菜种植面积达10公顷，经济作物有水果、花卉和少量的麻竹等，2003年栽种枇杷、桃、梨、葡萄等经济林木1万株。"

虽然关家堰距离城区近，经济发展却显得有些落伍。直到村办企业红火的年代，关家堰才有自己的村办企业，后来一度发展到村办企业46个，个体私营企业则多达270个。这其中就有"关家建筑工程队"，其前身为关家房屋维修队，是1982年前由几名拉架架车的农民组织起来的包工维修队，那时既无设备，又无资金。至1987年，已经发展为职工1100人，其中，中、初级技术人员15人，技工300人，拥有固定资产175万元，流动资金50多万元，拥有各种大中型机械设备和运输车辆50多台。1991年，关家堰凭借着强大的经济实力成为成华区的"亿元村"。这样的辉煌成绩，也让村庄找到了自信心。

2004年，关家堰村"撤村建居"，农民身份也随即发生改变的村民们，加入到城市生活行列。自从2010年3月16日圣灯、关家堰、崔家店改造项目启动以来，关家堰大多数居民已搬迁至"东城映像"小区的拆迁安置房居住（户籍关家堰社区，居住地院落由枫景社区管辖），由于安置房没有修够，少数居民还在外面租房过渡。另外，关家堰社区二组居民全部安置在跳蹬河南路水岸东里居住。"东城映像"虽然是安置小区，却与商品房小区一样有绿树、花园、池塘小景、健身路径和社区商家。这种环境的转变让人欣慰。现在的关家堰社区与以往的单一村落不同，属于交叉管理，这些居民已完全融入这个新一线城市生活当中。

成都媒体曾报道家住圣灯街道关家堰社区的刘大爷的故事，他每天下午总会和老伴儿一起去附近的杉板桥公园散步，和邻居们下下象棋，日子非常惬意。刘大爷的幸福生活，是成都居民的一个缩影。像他这样的故事每天都在关家堰社区上演，这就是从乡村到都市的巨大转变。

在过去，生活在关家堰村的人彼此都十分熟悉，谁家有什么故事都一清二楚。现在他们居住在不同人群组成的大型社区里，但依然很“念旧”，因此对社区有着特殊的归属感。这样的情感，促使社区成立了社区组织，如青少年兴趣小组、同心姐妹舞蹈队、环境保护队、阅读分享小组、燕之舞蹈队，平时经常开展活动。这些活动的开展，无疑是在传承着关家堰文化。

圣灯在历史的深处

一方土地有一方历史。历史不只是记住过往，也是在为未来开启新篇章。在圣灯的文物考古中，既有战国文物，也有唐代碑刻，这些文物或实物叙说着圣灯的古早时代。当历史走到“湖广填四川”之后，客家人留下来的家谱、族谱便记载了圣灯人的奋斗史。这些记录让我们看到更为鲜活的圣灯故事。

千百年的历史光影在圣灯重现，不管是记录岁月的博物馆，还是客家人留下的传奇，都在昭示着过去与未来。有学者指出，城市不只是一个人造物，或者一片居住地。与之相反，城市体现了人类真正的自然本性。以此来看圣灯的历史演变，或许不只是洞察这一区域的历史发展脉络，也是提醒我们，在圣灯的流年碎影中，未来会走向哪里。事实上，我们对圣灯未来走向并没有更为清晰的目标，但这历史却可照见未来，发现生活之美。

铁器时代，圣灯人的日常生活

成都从“夷翟之邦”跃升为“天府之国”，其内在的推动力就是冶铁，其次才是水利。而交通、盐业、漆器等行业的发展也在推动着成都经济前进。

那么，圣灯的文明史是从何时开始的？虽然缺乏史书记载，还是有文物予以佐证。这得从1979年3月19日说起，这天，圣灯村十组（今成华区圣灯街道圣灯社区境内）格外热闹。这里聚集了不少村民，争相成为第一见证者。两座战国无棺古墓里，两具平民尸骨旁，躺着青铜剑、带钩、钺、铜锯片。不仅如此，这里出土的还有铁制品。专家由此推断，使用铁器可看作圣灯人文明史的一部分，这也从侧面证实了圣灯虽位于成都的边缘，却几乎分享着与成都同样的手工文明。

《成都通史》“秦汉三国（蜀汉）时期卷”记载成都人进入铁器时代：“似应以秦入主巴蜀为界。秦惠王二十二年（前316），秦人入主巴蜀后，即下大力推广、发展冶铁业。秦武王元年（前310），秦政府在新筑成都城的同时，在成都城内设置了专管冶铁业的‘铁官’衙门，长官为长，副手为丞。”根据记载，临邛之所以成为成都平原三都之一，就因在当地发现了大量铁矿。

由于冶铁业得到了成都政府的重视，发展极为迅速。这有成都平原上出土的众多实物予以证实。比如20世纪50年代在成都羊子山曾发现属于秦入蜀后战国晚期的172号墓，出土铁三脚架1件，而1992年在郫县风情园及花园别墅的战国晚期墓葬中，出土了铁镰、铁凿等，在金沙村遗址中曾发现战国晚期的铁锸等，近年在郫县秦墓葬中发现铁刀、锸、斧等。“这些资料说明，从秦在巴蜀设铁官至秦统一六国之前约80年间，巴蜀的冶铁业发展甚快，除兵器外，已经普及到农具及生活用具诸领域。”在圣灯所出土的铁器就是在这一背景下出现的。

1980年7月15日出版的《成都文物简讯》第二期载文说明：“据有关部门考证，断定（圣灯村出土的两件铁器）至迟为战国中晚期蜀文化遗物。铁器的发现证明了成都地区和中原无不一样，早在春秋晚期就掌握了冶炼铁器的技术。”

在另一份成都市文物管理所整理的《成都金牛区发现两座战国墓葬》里，详细叙述了墓葬挖掘的情况：墓葬1因被社员扰乱，故墓葬的形制、葬式及随葬器物的位置等情况不明。据残存情况分析，此墓填土为杂有黄土的白膏泥。狭长形土坑竖穴长约4.5米，大致为南北向。在此墓葬中出土铁斧两件，此外尚有铜制的剑、矛、戈、钺等。墓葬二在墓葬一的西南方，相距32.5米。此墓出土了陶器10件，铜器1件。岁月漫漫，今天已无法知道墓葬主人是何人，在这背后又有怎样的故事。尽管如此，这也不免让人想象到战国晚期时的圣灯人生活的情景。

曾任圣灯乡业余文物保护员的张云吉当时就见证了这些文物的出土。他说：“这也说明在战国时期，在圣灯这一区域就已经有人类活动，至少给圣灯的文明提供了新的解读思路。”作家郑光福在当记者时跑金牛区文物考古这条线，这些文物出土时他同样是亲历者。说到在圣灯发现铁器时，不少人认为圣灯已经进入一个新文明时代，郑光福却认为不是这么回事："以前，成都东郊还没建工厂时，这一大块地方有不少山丘，有的山还有名字。但那都是一个个坟包，如果挖掘，肯定是这样的。这是我跑这条线多年得出来的经验。"圣灯村出土的铁器，在他看来："这只是说明了圣灯的文明情况，与成都其他地方出土的铁器相比，这虽是生活用具，却也说明了圣灯人在战国晚期，生活用具当中已经有铁器出现。"

西汉中期，成都地区的铁器在兵器、工具、农具、日常生活用具诸领域全面普及，随着这股浪潮的推进，圣灯人使用铁器也就成为日常。

这韩国夫人墓或与杨贵妃无关

圣灯寺与历史名人的擦肩，还是唐代的事情，这就是古代四大美女之杨玉环，传说圣灯曾出土的一块墓碑盖与她有关。

“1976年至1980年，金牛区普查文物现状，我到圣灯公社进行文物普查，崔家大队一农户家中收藏有一唐代碑刻。”张云吉在接受记者采访时如此说。

收藏石碑盖的农民就是崔家店八组的陈孝伦。时为1975年的冬天，他参与修沟渠时，在小坟包旁边挖出了这块56厘米见方、周围刻有花纹的石帽。“小坟包旁还有大坟包，大坟包是杨玉环的坟包吗？我们将石帽运至文殊院内的成都市文管所，专家认定这是唐代‘韩国夫人’墓碑的碑盖。”张云吉说。

大坟包、小坟包现在已看不见踪迹。但其遗迹和故事依然在圣灯流传。民国版《华阳县志》卷三十古迹条下记“昭王陵”：“在县治东二十里东山，按《明史》诸王表，王讳宾瀚，惠王嫡长子。弘治七年袭封，正德三年薨。其他事迹无传。按：葬称东山，其名颇泛。今县东隆兴场以往俗概目为东山，其地别有陵两处。一陵缭以周垣，隧道悉用砖甓，而残碑没灭，仅‘弘治五年’四字可辨，土人呼为石皇坟。一陵则荆榛翳如，土人呼为草皇坟。或云草皇坟是明末福王太子，福王太子何缘入蜀？此则无稽之谈。或蜀王世子名与福王相近，致此讹耳。此外，场西里许尚有大坟包、小坟包及其他俗称皇坟者，皆无碑题只字可考，以其率在东山远近十数里间，故汇记于此。”

作家郑光福说：“这些年，我在东山一带走，发现大小丘陵，无一例外的都是坟包，但每个山丘的故事又有不同。”他说这是观察东山丘陵的结果，不过，这些丘陵却因城市建设的需要早已寻不见踪影。

“韩国夫人墓”的遗址前面有一古堰塘，而距此墓不到一华里的地方，就是成都东郊有名的“大坟包”。“大坟包”原状与西郊的永陵属同一规模，发现韩国夫人墓碑盖旁的古堰塘，据传就是垒大坟包墓取土形成的。

陈孝伦在今天的成都理工大学背后住家，当时已将碑盖做了猪圈垫石板。翻揭开那一块石碑盖，碑文有：“唐故韩国夫人清河御氏墓志”（碑现存于省博物院）。当时就有媒体认为，这与杨玉环有关联，这位“韩国夫人”就是杨贵妃的姐姐。

杨玉环，生于导江县（今都江堰聚源镇），十岁离蜀，十五岁进宫为妃。《新唐书·贵妃传》说：“天宝初，进册贵妃，三姊皆美劭，帝呼为姨。封韩、虢、秦三国夫人。”如果照这样推理下去，似乎就可确认“韩国夫人”身份无疑。

然而，这个“清河”，从地图上看在陕西省凤翔西北，应是韩国夫人的封地（亦有说法为其出生地或养育地）。“韩国夫人”在蜀时嫁给一位崔姓人家（这也让人存疑），而唐碑的发现地为崔家店大队，即今天的崔家店，这是否与崔姓人家有联系呢？这猜想让不少人很好奇，不管如何，这消息让成华人一下子沸腾了起来，这一次终于和历史名人有了联系。

当时，还有一种观点认为，与韩国夫人墓碑盖出土之处相距5000米，就是东山有名的下涧漕棺山区，加之附近又有小坟包、大坟包，这就引人遐思：这很可能是杨贵妃及其家人的墓葬区。

且慢，仅凭一块墓碑盖就做出这样的推论，是不符合考古学逻辑的。在张云吉看来，这个墓碑盖与杨玉环的姐姐毫无关系，因为从各种资料上看不到与崔家店的关系。作为圣灯乡业余文物保护员的张云吉，在得知有这样一块墓碑盖之后，就第一时间去进行了测量和清理，为了保存资料，他还专门做过一张拓片。

金牛区的文物挖掘、考古活动，郑光福大多亲临现场，在这块墓碑盖出土之后，郑光福也到现场去查看过，并就当时的文物分布情况做了大胆的设想，随后就根据现有的资料，考证出“韩国夫人”的身份。

不过，墓碑盖在上交成都市文管所后，张云吉就很少关注它的消息了。在采访时，说起墓碑盖，他依然坚持专家把墓碑盖定成杨玉环姐姐的，是不准确的。“‘御氏’也是不准确的，而是‘张氏’，这位‘韩国夫人’姓张而不是‘御氏’，这才是真相，我有拓片可以证明。但这拓片因为搬家的缘故，不知道放哪儿去了。”

在他看来，之所以这块墓碑盖让人作出与事实相反的结论，就因为改了一个“张”字的缘故，这就改变了解读方向。这在当时也是发展旅游的设想。但这是否与杨贵妃有关，还是不大确定的事。我查阅了当时的新闻报道，也都是对此予以确凿记录，甚至连《圣灯乡志》的“韩国夫人墓”条下也记录为：“在崔家店村八村民小组境内。1975年该组一村民发现篆刻有‘唐故韩国夫人清河御氏’墓碑盖并收藏。1980年交市文管所收藏。据《新唐书》载：韩国夫人系唐明皇宠妃杨玉环（即杨贵妃）的大姐。”其中有不少想象的成分。今天，少有人提起“韩国夫人墓”，大约是跟此墓墓主的身份不太确定有关。

1992年，上海古籍出版社曾出版过一套《唐代墓志汇编》，从这些墓志的题名来看，也常常是“某氏墓志”，这是以姓氏代称。这也可以从侧面佐证这位“韩国夫人”乃出生于清河的某氏。那么，她是因何故流落到成都，与“安史之乱”和唐玄宗入蜀又有着怎样的关系？可惜岁月漫漫，已经无考了。

2018年，我在崔家店采访陈信伦时，他也谈到了这块墓碑盖，“我知道这个事情，当时还来过一些人专门考察是不是与杨贵妃有关。”不过，陈信伦并没有看到过墓碑盖长成啥样，故而详细情况也就不得而知。

将这墓碑盖与杨贵妃扯上关系，看上去很有传奇性，但仔细考察、梳理其中的线索，就像解读侦探小说一样，无法将其完整地讲述出来。也许，要确认“韩国夫人”的身份以及背后的故事，还需更多的证据。

圣灯客家人

在考察圣灯的人口居住变迁时，我们不难发现史有记录的还是湖广填四川，有一批人辗转从各地移居圣灯。这些人以家族聚居的方式生活在一起，随着时代的演变，这些家族也在不断地裂变。今天，要追寻圣灯客家人的历史，不妨从家族史入手。比如《四川客家历史与现状调查》记载了圣灯的客家主要姓氏总计有三十多个：人民塘村有张、李、刘、钟、曾；东华村有张、李、钟、廖、范、曾；长林盘村有江、谢、钟、张、邓；关家堰村有严、北、卢、陈、谢；崔家店村有严、谢、郑、李、周。而谢桃坊记录圣灯村的客家大姓有：郑、黄、严、张、李、钟、周、陈。[①]这些家族大多是清末迁徙而来，其中，圣灯村的郑氏是从傅家店、欧氏从人民塘、谢氏从石灵寺大草坪迁徙而来。有的家族则是因湖广填四川，辗转来到圣灯的。谢桃坊说："自1989年以来，四队、七队、十队、三队逐渐转为非农业人口，2000年尚有土地约百亩。"随着城市化的步伐加快，现在已经没有可以耕种的土地了。

《成都沙河客家的变迁》记录了崔家店的欧氏家族。在崔家店有一个欧家院子，欧礼贵于1940年出生于此，石室中学高中毕业，曾任大队会计。其妻子钟鸿芬1942年出生于龙潭寺桂林村。他们还能讲纯

① 谢桃坊著：《成都沙河客家的变迁》，天地出版社，2005年，第54页。

正的客家话。欧氏自入川后世居崔家店欧家院子。1949年前佃六十亩田，有二黄泥田和下湿田，新水来时用龙骨车提水到深冬水田存储，插秧时翻水入榜田，要用五道水车，最后一道是三人头的水车。腰堰里水好就不车。不过，欧氏没有祠堂，入川始祖坟在成都东山高竹林。欧氏后人藏有《欧氏族谱》，记录了其始祖琈公入川经过：

> 琈公生长于广东惠州府连平州长吉二图大田约竹头围侧近居住。至大清雍正年间，公同妻钟氏，率男卓盛、卓周、卓英等，合室商议，携家入蜀。途程万里，艰苦备尝。始往于四川重庆府永川县太平乡官山下居住，不料躬耕数载，天年不顺。至乾隆二年又迁移于成都府华阳县北门外老窑沟安居，开创于今，享公之福，食公之德。

▲ 在圣灯社区采访客家人　朱嘉婷摄

《成都东山客家氏族志》记录了三十四个东山客家氏族的源流，其中有部分客家人属圣灯街道，不妨让我们看看这些家族入川的情况。

《卢氏族谱》最具代表性，此谱记录粤十二世祖仁彦公迁居四川的过程：仁彦公闻西蜀膏腴，乡里多迁之者。后命其子去打探，得到的答案是“田肥美，地宽平，禾麻黍麦种无不宜，真沃壤也”。

在这种情况下，仁彦公“将田园庐舍遂以出售，作为盘费之资，具行李，储囊橐，择吉于乾隆戊寅年正月吉日，携二、三、四子望西蜀而前往。越三月余，始至成都府华阳县北门外隆兴场，依族卢朝华居焉。伫足三日，即命次子佣工于乡邻，三子牧牛于族党，公亦佃地数亩耕种，恐偷安旦夕，无以供朝夕。不两年，长子槐已携妻孥至。当斯时也，弟兄一室，或读或耕，俱各有业。公见家道稍裕，人口渐繁，旱土数亩，恐不足为长久计，方佃田数十余亩而耕。越数年，佃到石桥邓姓田。又于辛丑年，佃土桥朱姓田，两地耕种，至乾隆甲辰年，始创业于凉水井，筑室而居焉。奈天书之太速，居一载公即不禄，享寿八十有二岁。哭之如礼而葬焉。由是，桂、集兄弟等，念先人之多艰，思后嗣之日起，相与同心力作，立志耕耘。至嘉庆戊午年，买崔家店大坟包邓姓田一庄。又己巳年，买莲花堰刘姓田一庄。合凉水井田，共五百余亩矣。兄弟聚而相商曰：‘虽不敢云巨富，亦颇饶足，一室同居，恐难统理，析居其可乎？’相与洁樽，邀族焚香告祖，凭阄拈定：桂居崔家店大坟包，桢居莲花堰，集居凉水井，惟槐则凉水井莲花堰两地居焉。越二年，槐亦竟从赤松子游，所遗凉水井田宅，尽归奕集子孙”。

再来看《李氏族谱》，此谱系清朝乾隆年间，自广东嘉应（梅县）徙川的李氏道德堂人，于乾隆九年（1744）续修族谱之手抄本，记录了其一世祖为火德公。清初，李氏二十一世国珍公携眷徙蜀，落脚内江，再迁荣昌，及至二十二世（后文又称二十三世）魁纲公，携二子“自川东荣昌县，迁于成都府华阳县居焉”。“将己资本置业”，魁纲公卒后“葬于华阳县东门外大坟包”。

而《陈氏族谱》则修成于咸丰四年（1854），为陈氏迁蜀一宗之后裔陈道凝等，依据陈氏广东旧谱续修而成。该谱记载，陈氏二十八世祖会倬公携三子鹏高、鹏凤、鹏珍，于清乾隆十九年（1754）自广东长乐县大都老虎石乡，西上巴蜀，置业居于成都府华阳县隆兴场侧近桂□（注：原文缺字），是为陈氏入川始祖。会倬公葬于外北马道子。陈氏家族在东山一带还有人居住。

编修族谱对客家人来说意义重大，但编修也十分不易。《钟氏族谱》记述，钟丕谟于嘉庆元年（1796）重修族谱，从成都东山去内江东乡杨柳桥本家叔侄处访寻旧谱，访得广东龙川万禄公一派裔孙抄的旧谱。第二年又到内江学湾崇托公裔孙处，访得福建武平县原乡刻印旧谱。他将两谱比较，粤东世系完全相合，于是参考旧谱，新修蜀谱。

这只是圣灯客家人家族史的一部分，从中大致可以领略当时迁徙圣灯的不易。不过，随着生活的稳定，各个家族由此出发，续写了家族新故事，只是多数时候，这样的故事因流于民间，常欠缺整理而被历史所湮没。

从这些族谱记录中，我们可看到东山一带并非荒无人烟，而是由不同的族群在经营，至湖广填四川以后，这些土地才逐渐由客家人耕种。这是能够安居下来的客家人，而那些未在东山落户的客家人想来也不会是少数。

《成都沙河客家的变迁》里记录的一位名叫郑日新的客家老人就极具代表性。郑日新原是保和乡七分会农协会副主任，后因行政区划调整而居住于圣灯村一组。郑氏入蜀始祖高水公，于清初上川，住在龙潭寺江西会馆。郑氏家族的记载中可看出东山普通客家人的生活：

郑日新，1918年出生于东山傅家店双灵官庙。其妻陈素容，1928年出生于东山西河场香炉山黄家幺店子。夫妻都是纯客家人。日新先生祖籍江西，生父姓刘，靠推鸡公车为生，家里赤贫，有三子。日新是小儿，四岁时父亡，无钱安葬，母亲将他卖与赖家店（东山保和场）郑家，换来钱以买棺木。郑家迁至官家堰做几十亩田。日新十岁时郑家又迁至圣灯寺后面的双土地郑家院子，读私塾六年；十五岁开始做农活。当时全家四个老辈子，二十多口人，租做六十八亩田。

日新先生在本地居住了七十多年，平生有两件事难忘。第一件事是被国民党的兵吊打。抗日战争时期驻法华寺的国民党保安军，需用竹子、麦草、谷草，本来部队里给了经费的，却被下级军官和兵士分用了。他们于是到附近乡间乱砍竹子，强要麦草和谷草，不给钱。当保安队兵士来到郑家林盘任意砍伐竹子时，日新先生上前阻挡，并以理质问。兵士们大怒，毫不讲理，将他拉到法华寺吊起来拷打。后经保正何老师出面打圆场（调停），才被放了回来。第二件事发生在中华人民共和国成立之后。1954年日新先生入党。1957年党要求党员提意见，说真话，他说了真话，结果认为他是反党反社会主义分子，被开除党籍，直到晚年才恢复党籍。日新先生虽是农民，但有书生的理性思考，遇事总爱讲道理，相信有一种公理存在。所以当他遇到这两件事时，在思想上想不通，至今仍感困惑。[①]现在他的两个孙儿很有出息，一个毕业于中国科技大学，一个毕业于西华大学，都已工作了。

如今圣灯街道的客家人在东山的不算多，能够说客家话的人年龄也都已五六十岁，年轻一代对客家的身份认同似乎弱了不少。当我在圣灯街道采访时，遇见这些老居民，才能了解到客家人在东山的过往。

① 谢桃坊著：《成都沙河客家的变迁》，天地出版社，2005年。

张家祠堂记事

从前，在成都东山有着一座座祠堂。谢桃坊曾说客家祠堂："客家人入蜀祖先在创业过程中发家致富后首先考虑修建祠堂，以祀奉祖先，设立烝尝田产和制定有关规则。祠堂的建筑规模较大，小则一二十间房屋，大则百余间房屋，这样便于本支家人聚族而居。当某家族弟兄分家后，有的又再建分祠。祠堂和祖宅因而往往混为一体。也有各房分立后重建宅院，而祠堂成为老宅，老宅里安放着祖先神位。"

张氏不仅在圣灯属客家首姓，在东山也是大姓。《四川客家历史与现状调查》记叙了张姓的情况："其支系在当地至少有三支以上，人民塘村的张氏是其中最大的一支。他们收藏的民国三十年版的《张氏族谱》表明：其入川始祖为大梁公（字员栋，号肯堂），入川时间在清雍正年间。'雍正五年丁未，粤地荒时，公年四十有七，偕弟大柱公、大用公，率子侄于春正（月）十六日并二老迁蜀。至三月，兰妣卒于黔（今贵州省）之野猪冲，店主余地厝之。至六月，茂公卒于蜀之永川县（今重庆市辖），借吴姓隙地掩之。''至荣昌佃耕三载，不如意，将往邻水（县），途遇乡人述其风土人情，遂不果，还之成都简州石公滩，继迁黄家沟。又二年，始为高祖考妣超度。'"后人有诗词赞大梁公入川："世居粤地倏遭荒，因向春风促运装。四十六岁肩重任，六千余里步他乡。萱椿继谢挥双泪，棠棣连阴共一堂。入川祖地经三徙，业创鸡山永发祥。”这里所说的“鸡山”即石板滩鸡公山，其后人迁居圣灯。

张家祠堂在人民塘村的三组（当时为第九区隆兴镇人寿塘），其始建于乾隆年间。据《人民塘村志》记载，大梁公生子四：元、亨、利、贞，《四川客家历史与现状调查》介绍，大梁公的四个儿子分别是廷元、廷亨、廷利、廷贞，这个张家祠堂即由此四公集资修建。之所以张家在人民塘村修建祠堂，是因为大梁公曾孙懋芳公于乾隆五十二年（1787）定居于此，且繁衍至今已九代人。《人民塘村志》记录了张家祠堂情况：

> 系坐南朝北的砖木四合院结构，占地面积约800平方米，分别由大门、廊房、正厅组成。祠堂分前后两院，有堂屋、东西厢房、正殿等，是典型的穿斗式结构，檐下斗拱。正殿为抬梁式，两边配有厢房四合院建筑。围墙用小青砖垒砌。大门口一对石狮子，庄严肃穆。
>
> 张家祠堂宽敞古朴，承载着历史文化，延续着缕缕香火，象征着张姓族人勤劳朴素、团结拼搏的精神。每逢祭祖时节，张姓子孙都会齐聚祠堂，聆听家规训诫，点烛上香、磕头敬祖。或有族人仙逝，或有婚嫁喜庆，大家都会选择在祠堂举行仪式，以示亲情连结。

在张家祠堂的历史上，这里不仅是张氏家族祭祖、处理公共事务的地方，也是张氏子弟的私塾用房，担当着家族的教化功能。民国十八年（1929），私塾变更为张氏私立初级学校，其经费是以祠地作经费，年约九百元，学校设置初级四个年级。

1950年1月19日，成都市军事管制委员会公布《私立学校登记办法》，宣布：“本会对于各级私立学校，只要遵守人民政府的政策法令，有益于人民文化事业者，业经申请登记，审查批准，发给登记证后，一律采取保护政策，并扶助其发展。”3月25日，成都市军事管制委员会教育处公布《成都市私立学校临时管理办法（草案）》，与《成都市私立各级学校校董会暂行组织规定（草案）》，重申：“本市所有私立学校，无论过去立案与否，均须重新登记。”在这样的背景下，张氏私立初级学校作为私立学校，也需变更登记手续。再后来，学校变更为张家祠小学。小学由最早设置的四个年级增加到六个年级，每个年级一个班，共六个班，平均每班四十五人。

张家祠小学里曾有不成文的规定：张姓人家的孩子读该校可以免除学费，外姓人家的孩子读书一年需交三斗米的学费。不过，随着学校改革，这种情况很快进行了调整。不仅如此，学习内容也有变化，最初时，学生学习的主要内容为“四书五经”，随着时代的发展，学习内容也逐渐丰富起来，且与当时的普通小学所使用的教材同步，课程设置更为灵活，奖惩制度也变得更为严格。

《人民塘村志》记载：“张家祠小学的开办是人民塘村发展史上的一件大事，标志着村民开始告别文盲，逐步努力学习科学文化知识，走向现代文明。1952年，张家祠小学被国家改为公办的人民小学，由县乡教育部门管理。”村志还记录了此后的人民小学情况：

1963年，由于当时的人民小学校舍不够，师资力量薄弱，无法满足所有适龄儿童的入学要求。为响应党的政策号召，鼓励农村自办小学校，采取“两条腿”走路的方针（即公办和社办），人民大队决定兴办人民大队社办小学，校址设置在五组与六组的交界处。为了赶在开学前解决孩子读书问题，大队加快工程进度，砍树做屋架，泥砖砌墙，稻草盖房，木条装窗户，木头做桌凳。经过四个多月的努力，1963年12月，三间宽敞明亮的教室修建完毕。1964年年初正式招生。最初，社办小学只有两个班，第二年又增加一个班，三个班共计学生百余人。教师由本大队的知识青年李盛林、李华清、叶素珍、朱清明、曾昌美、苏超云、张文华等担任，校长李盛林。社办小学在当时教育资源稀缺的情况下，为大队解决了很多学生读书难的问题。1969年，人民大队社办小学迁移到三组，与公办小学实行归口管理和统一教学，这样更有利于综合利用教学资源，提高教学质量和学生升学率。1976年，人民大队社办小学与公办小学正式合并，统称人民小学。1984年，大队改村，人民大队小学改为人民塘村小学。

2008年5月12日，“5·12”汶川特大地震导致人民塘村小学校舍受损严重，全体学生被转入附近的二仙桥小学就读。此后，随着城乡一体化工作的推进和国家建设项目征地拆迁工作的开展，人民塘村小学无法在原址重建，正式撤销并入成都市二仙桥小学。

风风雨雨，张家祠堂经历过岁月的变迁，也见证了人民塘村的文化流变。尤其是从私立小学转为公办小学，让祠堂焕发了新的活力。

张家祠堂在20世纪80年代因城市建设被拆除，完成了其历史使命。

崔家店的严氏家族

东山一带的客家人，有不少家族保留着族谱，记录了迁徙入川和在川的生活历程。比如圣灯的谢氏家族，在此落户以后又繁衍到苏坡桥附近，那里也有个旧地名“谢家祠”，所涉的谢家即是从这里分支出去的。像这样的客家人还有很多，初始时期，他们聚族而居，但经过几代繁衍之后就分散到不同的地方。

崔家店的严氏家族原籍是广东，自清雍正时入川，繁衍至今，也涌现了不少人物，但因种种历史原因，其后人不愿提及。这其中就有曾担任国民政府成都警备司令的严啸虎和参加滕县保卫战的严翊。

严氏家族入川史

严氏家族人数在圣灯客家中排第七位，主要分布在崔家店、关家堰、圣灯，其支系较为单一。《四川客家历史与现状调查》记叙了严氏家族的入川情况：

入川始祖为季裔公、妣黄氏，系广东长乐的第十二世祖。入川时公与妻并三子（即长子三俊公、次子升俊公、三子焕俊公）同行。时在清乾隆二十三年（1758）春，落业地为华阳县老陶沟与檀木林。入川后又生有三子（即英俊公、裕俊公和观俊公）。季裔公生于雍正四年（1726），入川后白手起家，置业数百亩，后例赠为登仕郎，终于嘉庆十一年（1806），葬于圣灯崔家店老宅，入川时年方三十三岁。妣葬龙潭乡院山寺侧。

六子中最有作为者为次子升俊公。升俊公生于乾隆十六年（1751），八岁时随父上川，后置业二百四十亩。从小以耕读为本，尤笃好学，并在老陶沟老屋侧创修学堂一所，择聘名师课训子孙，后子孙才德兼全，并在管理石梯堰和红门堰时为族人所赞颂。公卒于道光二十三年（1842），享寿九十二岁，光绪十四年（1888）迁葬于圣灯村八组的陈家梁子。

严氏家族在这里是大族，且耕读传家，留下了一段客家文化的佳话。

严啸虎往事

作家田闻一在小说《成都残梦》里，写到1949年12月10日，在凤凰山机场，国民政府四川省主席王陵基、成都市警备司令严啸虎等待蒋介石莅蓉的情况。“严啸虎望着天际久久站着不动，像根桩子。他长得很高大，有些弓腰驼背的样子，穿一身黄军服，满脸横肉。那模样，就像大邑原始森林里随时准备袭击人畜的一只山豹子。”虽然这是小说家言，却写出了严啸虎的个性。

严啸虎，1892年出生，华阳县保和乡崔家店人（有一种说法是出生于长林盘村）。严家后来迁到外东法华寺附近。民国二十六年（1937），严啸虎书写严氏《三座坟碑序》：

我族自闽迁粤，世居嘉应州长乐县。清雍正时十世祖国寅公字子敬，国宁公字子康，国宝公字子玉，国宽公字子章，同胞四人赤手入川，越数季置产，乃回粤迎八世祖君相公黄祖妣，九世祖天瑞公江祖妣两代金骸，奉安川省，此不忘本根，昭示后人者也。

君相公葬新华桥老宅左上一齿，想因粤族留葬，乃以生前脱齿，殁时附葬者分葬川中，各遂瞻依也。天瑞公葬章公祠左，八九世妣同葬于此。其后国寅公附侧，乡人名曰三座坟，远近多知之。宁公止一子，汝珍乏嗣，换鼎龙承之；又无嗣，遗钱数十文，归入三贤祠。每祭先宁公三世，永文奉行。原葬董家岭下老虎林侧，四金分三座冢，为有清乾隆时合葬。今以墓边当铁轨，于民国丁丑年七月初四日未时，移葬于斯。每当时祠祀，三房子孙，恪守先训，祀事永修，勿忘勿忽。

根据记录，严氏十世祖国寅公立业华阳崔家店，而严啸虎为十六世孙。

严啸虎后来毕业于中央陆军大学特别班。民国时期，他多在军界任职。1930年任川康边防军第2师5旅15团团长，后任第21军参谋长，1936年10月5日任陆军少将，1937年任成都警备司令部少将司令，1938年兼任第56军164师副师长，后曾兼任中央军校高教班副主任，1949年12月初兼任成都防守司令部副司令，12月9日在四川彭县参加起义。严啸虎在《川西起义经过》里写道：

我因在上海亲见苏联革命后逃到上海的白俄，因无生产的技术，男的擦皮鞋，女的卖淫。自己既无多数的金钱和在国外生活的能力，根本就没有逃到香港作寓公的打算。更因为淮海战役时，我的嫡堂弟严翊当四十一军师长负伤被释放回成都后，揭穿了蒋介石说共产党见人就杀的反动宣传。

当解放大军西进时，电台上经常对我喊话："成都严啸虎注意，你在成都很久，治安也维持得很好，希望你今后继续维持。只要不烧杀、不破坏，我们是欢迎的。"由于我自己感到历史罪恶的严重性，非参加川西第一次起义，恐怕不能得到中共的宽大……

我于1949年12月9日晨到新繁龙桥，于11日在彭县与九十五军、二十四军师长以上军官通电起义后，盛文始终不敢宣布我已离开成都，迟至11日才将所部两师，接收成都城内外的防务。从他就职时起一直到成都解放时止，成都防卫总司令部的布告，均署有副总司令余锦源、严啸虎的名字。因此，我的成都警备司令部在副司令黄调元、参谋长宋元期率领下，照常办公。一直到1949年12月30日欢迎贺司令员入城后，始行移交。

我于1949年12月29日随刘、邓、潘由彭县回到成都。12月30日亲到北门，迎接贺司令员入城。

由于历史的原因，严啸虎的相关资料不易见到。但如果仔细搜寻也可发现有关他的趣闻。比如抗战爆发时，军阀势力已渐式微，上海电影演员组成的"影人剧团"到成都演出话剧，宣传抗日爱国，警备司令严啸虎在观看演出时，看上了有名的影星白杨，下帖子要白杨去

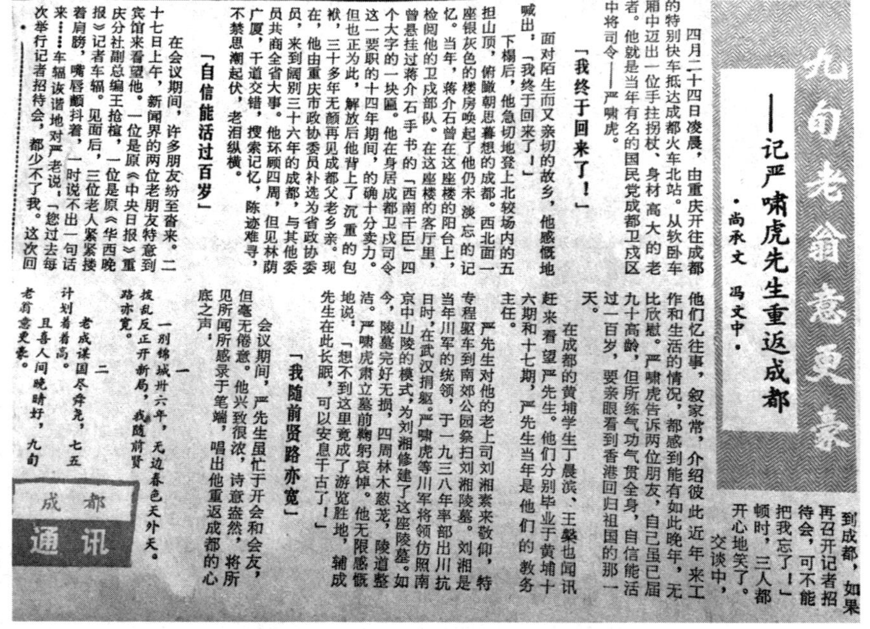

九旬老翁意更豪

——记严啸虎先生重返成都

·尚承文　冯文中·

四月二十四日凌晨，由重庆开往成都的特别快车抵达成都火车北站。从软卧车厢中迈出一位手拄拐杖、身材高大的老者。他就是当年有名的国民党成都卫戍区中将司令——严啸虎。

「我终于回来了！」

面对陌生而又亲切的故乡，他感慨地喊出：「我终于回来了！」

下榻后，他急切地登上北较场内的五担山顶，俯瞰朝思暮想的成都。西北面一座银灰色的楼房唤起了他仍未淡忘的记忆。当年，蒋介石曾在这座楼的阳台上，检阅他的卫戍部队。在这座楼的客厅里，曾悬挂过蒋介石手书的「西南干臣」四个大字的一块匾。他在身居成都卫戍司令这一要职的十四年期间，的确十分卖力。但也正为此，解放后他背上了沉重的包袱，三十多年无颜再见成都父老乡亲。现在，他由重庆市政协委员补选为省政协委员，来到阔别三十六年的成都，与其他委员共商全省大事。他环顾四周，但见林荫广厦，干道交错，搜索记忆，陈迹难寻，不禁思潮起伏，老泪纵横。

「自信能活过百岁」

在会议期间，许多朋友纷至沓来。二十七日上午，新闻界的两位老朋友特意到宾馆来看望他。一位是原《中央日报》重庆分社副总编王抢楦，一位是原《华西晚报》记者车辐。见面后，三位老人紧紧搂着肩膀，嘴唇颤抖着，一时说不出一句话来……车辐诙谐地对严老说：「您过去每次举行记者招待会，都少不了我。这次回到成都，如果再召开记者招待会，可不能把我忘了！」顿时，三人都开心地笑了。

交谈中，他们忆往事，叙家常，介绍彼此近年来工作和生活的情况，都感到能有如此晚年，无比欣慰。严啸虎告诉两位朋友，自己虽已届九十高龄，但所练气功气贯全身，自信能活过一百岁，要亲眼看到香港回归祖国的那一天。

在成都的黄埔学生丁晨滨、王檠也闻讯赶来看望严先生。他们分别毕业于黄埔十六期和十七期，严先生当年是他们的教务主任。

严先生对他的老上司刘湘素来敬仰，特专程驱车到南郊公园祭扫刘湘陵墓。刘湘是当年川军的统领，于一九三八年率部出川抗日时，在武汉捐躯。严啸虎等川军将领仿照南京中山陵的模式，为刘湘修建了这座陵墓。如今，陵墓完好无损，四周林木葱茏，陵道整洁。严啸虎肃立墓前鞠躬哀悼。他无限感慨地说：「想不到这里竟成了游览胜地，辅成先生在此长眠，可以安息千古了！」

「我随前贤路亦宽」

会议期间，严先生虽忙于开会和会友，但毫无倦意。他兴致很浓，诗意盎然，将所见所闻所感录于笔端，唱出他重返成都的心底之声：

一

一别锦城卅六年，无边春色天外天。
拨乱反正开新局，我随前贤路亦宽。

二

老成谋国尽舜尧，七五计划着着高。
且喜人间晚晴好，九旬老翁意更豪。

成都通讯

▲《羊城晚报》（港澳海外版）报道严啸虎回成都　朱嘉婷摄

陪酒，遭到白杨和“影人剧团”的拒绝。严啸虎一怒之下封闭了“影人剧团”，下令将其赶出成都。

1949年后，严啸虎被分配到重庆，在统战部领取生活费，1985年当选为重庆市政协委员。1986年6月14日的《羊城晚报》港澳海外版刊发了通讯《九旬老翁意更豪——记严啸虎先生重返成都》。文章说：“四月二十日凌晨，由重庆开往成都的特别快车抵达成都火车北站。从软卧车厢中迈出一位手拄拐杖、身材高大的老者。他就是当年有名的国民党成都卫戍区中将司令——严啸虎。”

严啸虎之所以难得回成都，是因为“他在身居成都卫戍区司令这一要职的十四年期间，的确十分卖力。但也正为此，解放后他背上了沉重的包袱，三十多年无颜再见成都父老乡亲”。这一次回来的背景是，他由重庆市政协委员补选为省政协委员（当时重庆属于四川省管辖）。

在成都期间，严啸虎除了参会之外，还会见了几位老朋友，一位是原《中央日报》重庆分社副总编辑王抡楦，一位就是原《华西晚报》记者车辐。“见面后，三位老人紧紧搂着肩膀，嘴唇颤抖着，一时说不出一句话来。”据严啸虎介绍：“自己虽已届九十高龄，但所练气功气贯全身，自信能活过一百岁，要亲眼看到香港回归祖国的那一天。”此次回成都，他可能没有回到崔家店看一看。不过，他将所见所闻写成了两首诗：

一

一别锦城卅六年，无边春色天外天。
拨乱反正开新局，我随前贤路已宽。

二

老成谋国尽舜尧，七五计划着着高。
且喜人间晚晴好，九旬老翁意更豪。

这是严啸虎最后一次回到故乡成都。他并没有等到香港回归的那一天，于1990年在重庆去世。

参加滕县保卫战的严翊

严啸虎曾在文章里提到过“我的嫡堂弟严翊”。这位严翊同样有故事。严翊（1903—1964），字章甫，华阳人。严翊是行伍出身，在堂兄严啸虎的保荐下，考进了黄埔军校第5期步兵科，毕业后在田颂尧的29军发展，田颂尧失势后就跟了孙震（同为保和乡人）。严翊在经历了四川数次内战以及“围剿”红军诸役后，至1938年，积功累升至第124师366旅731团第1营少校营长。

时任22集团军第122师364旅728团团长的张宣武在《滕县战役亲历记》一文中记叙，1938年3月15日，严翊本来配置在平邑的前城镇，随即率部参加滕县战役，守卫东关。张宣武时为滕县城外要冲东关的守备指挥官。“利用寨墙连夜构筑防御工事，并在东关外附近各村庄派出警戒部队。严翊这个营，原为三个步兵连和一个机关枪连，但机关枪连因临时拨归团部直接指挥，尚未来到，故该营当时只有三个步兵连。严营长以两个步兵连配置在东关圩寨阵地上，以一个连作为营预备队，夜十时左右布置就绪，部队则彻夜构筑工事。”①

在战场上，严翊所在的部队受到日军精锐第10师团的猛攻。原本军令坚守阵地四小时，川军却死守阵地达一天之久，先后经历日军多次冲锋。导致伤亡过重，随后得到后撤命令才得以撤回。“苦战竟日的严翊营长，也在最后一击的督战当中，大腿中弹负伤。”幸好其部下将他救回，这才得以活命。滕县保卫战虽然失败了，但严翊的名字

① 四川省政协文史资料研究委员会编：《四川文史资料选辑》第30辑，四川人民出版社，1983年，第158页。

却和王铭章、张宣武等人联系起来，成为抗战英雄的代表。后来，严翊凭借卓越的军功当上了第124师师长。

淮海战役中，严翊在和解放军作战时成为俘虏。在解放军的精心护理下，严翊经过四个月的调养终于恢复了健康。当时三野的联络部出于统战需要，决定释放一批川籍军官做策反工作，严翊由于在疗养期间表现良好，被列入了名单。1949年7月，严翊被释放回川，在受到孙震的召见以及同僚的祝贺后，暂时在孙震的绥署住了下来。孙震对于释放回来的严翊并不放心，就怕他是回来做策反工作的。对这种情况，严翊也是心知肚明。

不过，当时的川军内部情况复杂，各派势力都积极运作，企图拉拢成立新的武装势力，甚至发生了叛乱事件。

在经历了一番风波之后，严翊在功德林的改造很是积极。因为表现良好，严翊于1963年4月被特赦。获释后的严翊选择在北京定居安度晚年，于1964年因病去世。

这几年，每逢抗战纪念日，川军将领的后人都会举行聚会，如王铭章的长孙王生德、陈九章的孙子陈洪涛、张朗轩的女儿张光秀等都会参加活动。严翊的儿子严裕寿、严裕祥也会参加，共同缅怀川军在抗战中的英勇事迹。

我还留意到，有位名为“南山”的网友回忆说，严氏家族由于重视人才培养，代有人才，在民国时还曾出过华阳县副县长严子琦。我就此专门查阅了民国版《华阳县志》，但并没有找到与严子琦的相关记录。现在记得严子琦的恐怕只有严家后裔了。

随着时代的变迁，严氏家族的这些故事，也逐渐被打捞出来，让我们看到了圣灯一个家族的起起伏伏。现在的严氏家族还在书写着新故事。

迁居崔家店的除了严国寅一支外，还有严国宝支系。《严氏族谱》记录，清朝初年，长乐严氏宗族相继徙居西川。康熙五十七年（1718），十世祖严国宽入川，置业新都县；雍正五年（1727），十世祖严国宝入川，置业华阳县。由此可知严氏家族在成都东山一带人口数量不少。

消失的谢家祠

东山客家人在旧时兴建了大大小小许多祠堂。其中从广东迁徙到成都的谢家，就有一座谢家祠。曾在十陵镇工作的谢惠祥撰写过一部《瞧，我们这一家》（自印本），记录了谢家祠的情况："我们家长期居住在成都出城东门外的鲜家坝，由谢君璜（祖爷谢益湘的父亲）修建的谢家祠堂，族人称君璜公祠，我们习惯称谢家祠。十里店大坟包的谢家祠堂是谢子越从广东上四川，苦苦经营二十多年，购房设置的一座祠堂，我们称谢家总祠。龙潭乡丛树大队的白家湾谢家祠堂，是二房谢学清修建的谢家分祠，我们称学清公祠。鲜家坝君璜公祠在解放前，隶属成都市华阳县保和乡第七保，保长赖海珊、团防苏海山、队长苏海章。"

谢惠祥1963年5月出生于圣灯公社，后在圣灯公社踏水大队小学读书，1975年升入成都量具刃具厂子弟学校读初中，后转到圣灯中学读初中、高中，1979年在成都市农业学校果树专业学习，毕业后分配到龙泉驿区林业局工作。此后，他一直在龙泉驿区石灵乡（现十陵镇）工作。

根据谢惠祥的记录，1992年成华区国土局征用八里村全部土地和房屋，逐渐进行土地附着物补偿、房屋拆迁和农民安置补偿。2000年底，谢家祠堂被拆除消失。我们可将这个谢家祠看作东山客家祠堂的样本，深具代表意义。

谢子越入蜀

前几年，作家黄勇在考证谢氏家族入蜀的情况后，撰文说：明朝初期，居住在江西弋阳县锡洲岛的谢复澈夫妇，带着儿子谢丽宝，辗转来到广东翁源县银梅村夏田湾（今广东连平县陂头镇银梅村）。谢丽宝定居在这里，不久，谢复澈夫妇返回老家。

清朝初期，谢复澈在连平县的第十二世孙谢子越，得知四川经历战乱后，天府之国沃田良土成为杂草丛生的荒野，朝廷实行“湖广填四川”大型移民政策，他所在的州府也在号召乡民向四川移民，且有大批广东人移居到成都生活。

此时已年届五旬的谢子越，“资质雄伟，性豪迈”，自幼就有远大的志向。只是因为环境所限，一直“壮怀未展，郁郁不自得”。土旷人稀的四川，对谢子越而言充满了无限的诱惑。他认为，这正是“豪杰可乘之机会也”，遂动了移民四川的心思。

处理掉家产后，康熙五十七年（1718）正月二十七日，谢子越带着妻子谢凌氏、大儿子谢上珍（小名辛贵）及其妻子谢黄氏、二儿子谢上珠（小名申贵）、三儿子谢连贵、侄子谢佛嗣及其妻子谢彭氏，一行八人踏上了入川的漫漫征程。

据谢惠祥考证和分析，谢子越一行走了大半个月，来到湖广省郴州（今湖南郴州）。又走了二十多天，来到衡州府（今湖南衡阳）。

在这里，谢子越得知，去四川有两条路可走：一是走水路，先乘船到汉口，再坐船顺长江逆流而上，需要半年以上的时间，而且花费很大；二是走旱路，翻山进入贵州，再到四川，需要三四个月，可以节约很多费用。

考虑到一行有八个人，吃住花费很大，谢子越与大家商量后，决定走旱路到四川。到了农历三月间，一行人才走到宝庆府（今湖南邵阳）。

有一个非常严重的问题让大家不得不停下来——谢凌氏身体越来越衰弱，每天只能吃一点稀饭，已经走不动了。而这里离四川还有一个月的路程，还要翻越贵州的千山万水。

谢子越不得不做出一个痛苦的决定：让二儿子谢上珠和身体本来较差的三儿子谢连贵，陪同谢凌氏回广东老家，自己带着其他人继续前往四川。忍着分离的痛苦，谢子越带着大儿子和侄子两对小夫妇在四月初进入四川。

五月，谢子越一行来到简州（今四川简阳），被官府安排在石桥镇西乡坝一带。

谢子越买了五亩水田、五亩旱地，搭建了三间临时茅草屋，终于有了一个简陋的落脚之地。

谢子越带着谢上珍、谢佛嗣，起早摸黑在田里劳作，谢黄氏、谢彭氏负责做饭、平整院坝，在房前屋后栽种蔬菜等。

乾隆二年（1737），谢子越“居简邑而另买华阳大坟包侧葛天奎田土一百二十余亩，宅一院，徙而家焉”。到了嘉庆二十五年（1820），谢家决议：“将老宅立为祠堂，供奉祖宗神主，春冬致祭。咸丰四年（1854），复加修葺，诸事较完备，惟祠内所存老田仅二十八亩，土三十六亩。幸历届祠首善经理，光绪以后，陆续添购，族人房屋旱地六处，前后总计现在实有田土一百零四亩七分，每年可收租银二百余圆，除祭费及零用外，颇有积款。”

谢家祠建筑

为了纪念先祖入川、传承家族记忆，这才有了客家祠堂的修建。谢惠祥回忆谢家祠的情况：“谢家祠堂坐北向南，整体占地约二十多亩。祠堂前有一个大院坝，在院坝前是一块水田。在田的前边有一条小水沟，沟边种有两排碗口粗的柏树，1958年‘大跃进’时期，大队无偿砍下柏树拿去做电线杆。祠堂后面是一片十多亩的竹林盘，在左边的竹林盘的边缘，有君璜公夫妇坟茔，坟墓很高大，用青砖浆砌的墓穴。除了竹子外，还种有几十株柏树、桉树等，远看谢家祠堂掩映在一片绿荫翠柏之中。1992年成华区国土局征地时，由堂哥堂嫂谢惠成、王清凤夫妇将君璜公坟茔迁移到王清凤娘家，再葬于天回镇磨盘山。”

在谢惠祥的记忆中，谢家祠的样貌为一座典型的四合院，占地近十亩。“君璜公在祠堂后面的坡地，筑窑烧小青瓦盖房子，那时没有煤炭，烧瓦的燃料全是秋季收割后的谷草。砖全是泥砖，墙体为土坯。即在冬天的季节，将田里的泥土用水泡，后用牛拉圆柱形的石材滚子在田上碾压，用专门打制的砖刀，将压实的泥土切成长四十厘米，宽三十厘米，再用铲刀平起，厚有二十厘米，即制成土砖。码在田里晒干后再砌墙。砌墙时，土砖与土砖的上下和左右衔接，用黄泥巴填满作粘连。土墙内外用稻草切碎拌泥浆，平抹墙壁，刷石灰浆即成。土墙不易因年代久远而风化，冬暖夏凉，只是怕雨水冲刷。在春天，有野蜂在油菜、胡豆地飞来飞去，并在土墙上钻有拇指大小的圆孔，在洞里歇居。小青瓦也是用泥土做成瓦坯，再在窑上烧制。祠堂四周的房顶，用小青瓦立起覆盖，正中做小型装饰物件，两端做飞尖装饰物件，房檐最后一片接水瓦是特制的半圆形的瓦片。一年四季，有麻雀在瓦房的拱形内做窝，春天季节，麻雀在此孵抱小麻雀。祠堂前面正中间是一道八字形大门，大门内为近二十平方米的过厅，房顶呈‘水牛角’形。房脊上做有各种飞禽走兽塑像，在房脊与房檐的中间，相距四米左右用砖砌一对小方墩子，上面放一对雌雄狮子，70年代后期被毁坏。大门上方横挂有‘璜公祠’匾额，大门两边是白色的粉墙。两扇黑漆的大木板上绘有文武财神，两侧有扇活动的小门。在祠堂向左边即南幺伯的厨房，明显比右边房屋高许多，这就是客家人的典型建筑特色：左青龙右白虎。”

我们再来看祠堂内的布局：从大门跨过四十厘米高的门槛后，是一个大院坝，占地近两亩。中间有一条石条的小径，两旁种植油葱和麦冬等，左边种有柚子树、四季柑、紫荆树等和一株碗口粗的红豆树，右边种有棕竹、紫荆、枣树、海棠等。左右有对称的花台，花台内种植有棕竹、兰草、菊花、芍药等。整个祠堂的四周是白色的粉墙，瓦灰色的墙脚线，窗子全是木制花格式，上面嵌有木制的雕花和小鸟。各个房屋的门均是木框架嵌的薄木板门，背面有一尺长的木头拍子，晚上用来关门防盗。祠堂内四周的阶沿较宽，堂屋阶沿约有三米，两边阶沿约有两米，木柱上挂有许多对联。祠堂上方是三间高大的正屋，高约七米，叫“堂屋”。中间一间是正堂屋，正对面墙边摆放一张很大的神龛，上面搁着黑色木牌，用金粉书写谢氏祖先神位：

谢氏堂上历代高曾祖考妣神位。墙上挂一幅约宽三十厘米、长四十厘米的玻璃木框，装有老祖婆（君璜公妻子谢张氏，享年九十七岁）的照片。墙的高处有一块长约一百八十厘米、宽约六十厘米、厚约八厘米的木制黑漆贴金堂号："宝树堂"；两侧有木制黑漆贴金神榜一副："东山宝树振家声，南国介圭延世泽。"

在堂屋的正中间摆放一张八仙大方桌，两边靠墙各放一对晚清时代的木制椅子，在两张椅子的中间各有一张茶几。堂屋的财产全是"烝尝"，即谢氏后裔所共有。这谢家祠的建筑格局，也代表了客家人的审美观。

谢家祠小史

历经数代修葺，谢家祠才逐渐有了后来的规模。据谢惠祥回忆，土地改革时期，左边堂屋分给了阿娘一间，正中间堂屋分给了雇农郑大义，右边堂屋分给了雇农张岗德，铺有木地板，曾经是祖爷谢益湘的居室。三姐小时候因为多病，便拜张岗德为干爹，以消灾除病。八仙桌分给阿娘一家，其余一切财产，归保和乡农民协会第七分会所有。

谢惠祥说："我们家在谢家祠堂的右角，一共有三间房屋。门和窗子向南开的一间，是四个姐姐长期居住的房间，门和窗子向西开的一间是我们家的堂屋，曾经是哥哥住的房间，后来由我居住，最右角的房间才是父母长期的居室。在姐姐的房间与父母房间之间是木柱的扇夹墙，即用碗口粗的树木做柱子，中间是竹篾条编的笆子，两面用泥浆加一寸长的谷草拌均匀，再用泥工的工具平擀上去。其他的隔墙全是土砖墙。我们家的堂屋，中间放一张神龛，左有一对清朝时期的木制高椅和一张茶几，右边是一张单人床。1989年将堂屋隔了一条过道，供我们从前门到后院，将堂屋出租给外地人居住，直到拆迁为止。右边的厢房即我们的堂屋右边，解放后分给我们家的，在1958年成都电机厂建设时，占用了二队杨兴和一家的房屋，由于哥哥姐姐幼小，母亲便卖给了杨兴和，我们成了邻居。”

随着新时代的来临，祠堂作为旧社会的产物也属于被分割之列。这也是谢家祠堂变化最大的一次。“右边第三、四、五间厢房和大门与小角门之间的房屋共四间。是三婆一家，即祖爷三哥谢益汉的三儿谢世宫，我们称三爷爷和三婆婆。临近解放时，三爷爷一家从牛市口搬回来居住。1956年，三婆婆将杨兴和隔壁的一间，卖给了石板滩的王家，即王生安、王生木、王生发、王发才的父母，他们成为我们的邻居，与我们相处得非常融洽。第四间是三婆婆的大儿谢桃坊居住，我们称桃伯伯。最右两间是三婆婆的幺儿谢南芳居住，我们称南幺伯。大门右边第一间，解放前是谢家私塾学堂的教室，父亲过继到谢家后在此读书。解放后，这里由三婆婆长期居住，直到1989年，南幺伯将旧房改建成一幢三层的楼房。谢家祠堂的右边向东还有两间，是三爷爷家的，在1943年卖给了三洞桥种花的肖爷爷、肖婆婆一家，他们成为父母在民国时期唯一的邻居。”

谢惠祥回忆：“祠堂的左边三间厢房原是祖爷谢益萦的，临近解放时，谢德生（谢素芳）一家从外地搬回来居住。在土改时期，政府将最左边一间堂屋分给了他们居住。左边最角上的一间厢房原是谢家祠堂的厨房，解放后，和左边第一、二间厢房一共三间，分给了二房的长工、简阳县的高中雨一家长期居住。左边第三、四间厢房和进大门的左边两间，原是祖爷大哥谢益灏的，抗日战争时期，政府将此房分给熊家，即熊家老二熊得世、老幺熊得才、老大熊金泉所有。1956年，又卖给了本大队第二生产队的邱永兴母子俩居住。解放前，谢家祠堂的右边，卢兴富的父亲在自己的地上，修了一幢马蹄形的泥墙草房，长期在此居住。1958年，在大队的安排下，曾光弟的母子二人从西门文家场到生产队落户，在谢家祠堂的左边自建泥墙草房三间。吴世友、吴世秀的父亲也从外地到生产队落户，在谢家祠堂的左前边的坝子上，自建泥墙草房三间。直到80年代后期，因为经济收入增长，逐渐进行旧房改造。谢家祠堂被拆除较多，失去了古建筑的风韵。”

若是谢家祠堂保留到现在，也是客家人建筑物的标志。谢家祠堂从建造到消失，也不过是一百多年的时间，却经历了不同的历史风云。好在谢惠祥还能回忆起这些旧事，让我们看到一段消失的记忆。

记录岁月的报纸博物馆

“位于成华区圣灯街办的华林社区是一个典型的‘农转非’社区，这里住着五千四百多户共一万三千多人，他们进入社区这种城市化的公共生活空间之前，大多都是拿着锄头下地干活的农民，如何从‘农民’过渡到‘市民’并且扮演好一个‘社区居民’的角色，对于这里的老百姓来讲是必修的一课。”2019年第3期《天府文化》杂志如此介绍华林社区。

成华区的博物馆数量并不多，除了成都理工大学博物馆之外，就是在圣灯街道综合文化活动中心建成的西南地区首家报纸博物馆，这也是成华区首家民办博物馆——李彬报纸博物馆。

早就知道成都有这样一家专业博物馆。到东华二路25号的李彬报纸博物馆去采访还是2018年的事。在博物馆外，有人民日报社原社长邵华泽亲笔题写的“成都李彬报纸博物馆”几个大字高悬门口，馆内，各式报纸按照报社、年代等整齐布置，或悬挂于墙上……走进这三百平方米的报纸展厅，好像走进了岁月深处。

李彬出身书香之家，自幼特别喜爱看书，对藏书有浓厚兴趣。由于热爱阅读，他还跟很多川籍本土作家成了熟人、朋友，得到作家们亲笔签名的书。“比如跟流沙河老师经常在一起喝茶。车辐老师还在世的时候，我们来往较多。因为我喜欢看书，他很喜欢我去找他聊天，也因此成为忘年交。”李彬收藏报纸是从20世纪80年代做剪报开始的。那个时候他参加完恢复高考后的首次考试，毕业后被分配到当时的金牛区圣灯公社工作。由于生活和工作的需要，他经常阅读报纸。他说，当时只是做剪报，遇到喜欢的内容，就用剪刀剪下来。但当时报纸的报头多由名人题写，书法艺术气息浓厚，报头与内容都是文化、文艺的表征，剪了实在可惜，倒不如干脆收藏整张报纸。后来，他改收藏剪报为收藏整张报纸。

2010年，李彬去北京出差，每天4点就起床，不是为了爬长城或者打卡天安门升旗，而是直奔旧货市场潘家园"淘报"。多年来，李彬几乎跑遍四川的机关、学校资料室翻找，或是去各地旧书市场寻宝。

"记得2006年某一天，我打听到土桥一废品收购站内有四五吨旧报纸，便急急忙忙赶过去。收购站内旧报纸堆积如山，我撸起袖子奋战'垃圾山'，在气味难闻的旧纸堆里翻找了数小时，终于淘到了巨大的惊喜：一张号外被装订在1951年1月的《万县日报》合订本内，内容为：'1951年1月1日，朝鲜前线又一伟大胜利，歼灭美军一万一千余，解放东北部广大城乡。'抗美援朝号外本十分少见，这份保存极好，毫无破损，现在全国都找不出第二份。"

收藏报纸多了，不只是为了个人欣赏报纸内容。在做报纸博物馆之前，李彬先后在圣灯路、华油路的家里创办李彬家庭藏报馆。吸引了不少集报人士的关注，邵华泽先生三次为李彬的报纸博物馆题馆名。但对李彬来说，形形色色的报纸在家里展示终究不是长久之计。于是，他就想着建设一个报纸博物馆。

2012年底，成华区政府要求十四个街道都创办一个文化中心，由区财政出钱，丰富老百姓的文化娱乐生活。起初，圣灯打算做一个客家文化的项目，但由于城市改造，加之居民迁徙，圣灯在客家文化方面比不上洛带、龙潭等乡镇。因一直居住在圣灯街道，李彬就与街道商量是不是可以做一个报纸博物馆。这样的想法打动了街道。2013年8月8日，李彬藏报馆试营业。经过试运营，李彬也在尝试调整办博物馆的思路，在展馆内除定期展出报刊之外，还吸引更多的人群参与到活动中来。2015年4月28日，博物馆更名为“成都李彬报纸博物馆”，经成都市文广新局审批，成都市民政局注册登记，该馆正式加入成都市民办博物馆行列。

▲ 成都李彬报纸博物馆　李彬摄

“现已收藏古今中外各类报纸1.5万多种，近5万份，涵盖了清代、民国、中华人民共和国成立初期、‘文化大革命’及改革开放以来各个时期。”李彬这样介绍。在这些收藏品中，清代道光年间的《京报》于2010年4月被中国报业协会集报分会评为首批“中国集报精品”；同治、光绪年间的《申报》及光绪、宣统年间的《政治官报》《益闻报》《汇报》《点石斋画报》《外交报》和康有为主办、梁启超主笔的《时务报》，以及民国初年的《政府官报》《光复报》等孤品、精品都非常珍贵。

在众多报纸藏品中，有一份报纸被李彬称为镇馆之宝，那是一份清朝道光十七年（1837）的《京报》，已180多岁“高龄”。《京报》是中国报刊史上最早的报纸之一，也是中国古代报纸发展中具有完备形态的一种报纸。有关资料显示，该报是清代民间报房经营的册报。而第一家报房大约创始于明朝后期，它们的鼎盛时期在乾隆、嘉庆、道光、咸丰、同治、光绪六朝。在李彬的藏报当中，有不少报纸有着这样的收藏趣闻。

2018年10月23日，成华区为改革开放四十周年举办报展。该报展特别展出了1978年至2018年期间有见证意义的部分老报纸，让居民回顾改革开放四十年来祖国的日新月异与取得的巨大成就。这次报展展出原版报纸复制件150框。展览分为历程篇（31框）、成就篇（66框）、回顾篇（17框）、新时代篇（36框）四个部分。这让不少读者感受了报纸的魅力。“我是从第一篇仔细地看到第四篇，一圈下来不得不感叹这些年祖国的变化简直太大了，改革开放让我们的祖国日益强大，我们的生活也越来越好了。”生于20世纪70年代的张启飞说。

像这样的报展活动只是博物馆的众多活动当中的一种。2018年清明节时，博物馆还举行了以“姓氏文化”为主题的报纸展览，介绍了高、贾、陈、李、张等数十个常用姓氏的起源。李彬还编写了31讲特色课程的教材《报纸文化与收藏》，进一步提升了博物馆的内涵，让博物馆更好地为社区居民服务。博物馆还举行内容丰富的学术沙龙。正是凭借着这些藏报，李彬成为原国家新闻出版广电总局评选的第二届全国“书香之家”。

《天府文化》如此评价这家博物馆：“虽然形态与传统博物馆相近，但李彬报纸博物馆对社区文化与本地居民生活的影响可以说并不亚于传统的大型博物馆，尤其是帮助华林社区的居民‘放下锄头，融入城市’。”这样的评价彰显了博物馆应有的价值。

在我2019年8月采访李彬时，他正在筹划成华区庆祝新中国成立70周年的一个大型报纸展览，这一次展览以记录中华人民共和国成立70周年的成就为主。展览计划在9月上旬至10月上旬在成华区文化馆举行，按照成华区的要求，除了展览之外，还将正式出版一本与展览相关的图书。“时间很紧张，现在全力做这件事。”

“大家通过报纸展览了解到我们的过去，这也是有意义的事。”李彬报纸博物馆自免费开放以来，已接待了来自海内外各地的参观者，包括成都市各大学、中学师生以及社会各界人士、社区居民超过六万人次。

圣灯公园与五老七贤

公园城市在今天变得热门起来。扬州学者谢正义在《公园城市》里认为：所谓公园城市，“是以城市为单位来考虑公园规划建设，以公园建设推动整个城市的发展。城市是由多区域、多人群组成的，公园城市就是让城市处处有公园，人人可以方便地享用公园”。成都建设公园城市正是遵循这样的理念。

在圣灯街道的历史上从来没有出现过公园，圣灯人要想去逛一逛公园就要去附近的新华公园、塔子山公园，或更远一些的人民公园。2017年12月开园的圣灯公园结束了这种历史。如今在圣灯街道的附近，还有二仙桥公园和杉板桥公园，这些公园的存在让圣灯人在闲暇之余多了游逛之所。圣灯公园位于成华大道三段与物流大道交会处，建设规划面积约八万平方米、相当于十一个标准足球场大。公园按“一轴、两带、五区、多节点”的总体景观结构

▲ 圣灯公园一景　朱晓剑摄

设计，看上去很有特色，与传统的公园有很大的不同。

走进圣灯公园，就会发现这是一座开放式公园，从高空俯瞰，整个公园的景观结构呈现出一个“8”字的形态，这也与该公园地处的八里庄创意商务功能区相呼应。在服务设施方面，该公园内设置售卖、观景、娱乐观演、Wi-Fi等服务设施，满足市民游览、休憩需求。同时，还设置市民游乐园、趣味篮球场、滑索攀爬乐园等娱乐设施。8月的一天，我走进圣灯公园，看到有三三两两的路人在此停留，有附近的居民带着小孩子在此玩耍。

在华林三路的公园入口处，我意外地看到了这里有“五老七贤”的雕像和文字介绍。这“五老七贤”皆为状元、进士、举人出身，多为通儒博学之士，著述宏富，以其文翰诗墨，名扬士林。学者李兴辉在《蜀中“五老七贤”纪事》里说：“他们又互以名节相砥砺，敢于仗义执言，针砭时弊。因而深孚人望，为时所重。著名民主革命家黄炎培当年有《蜀游诗》赞道：‘劫后民劳未息肩，每闻政论出耆年。蜀人敬老尊贤意，五老当头配七贤。’”[①]王跃在《蜀都名儒》里说：“他们是一些知识分子中的精英，成都人把他们看成自己城市的骄傲。老百姓要仰仗他们的名气，当局要借用他们的声望，连军阀也不敢对他们不敬重。”正是有了这群人，成都才有了其更独特的城市气质。

这“五老七贤”是以口碑流传的人物，下列这些人都曾名列其中：方旭（方鹤斋）、徐炯（徐子休）、尹昌龄（尹仲锡）、陈钟信

① 四川省文史研究馆编：《文史散简》（内部资料），1994年，第15页。

（陈孟孚）、宋育仁（宋芸子）、赵熙（赵尧生）、刘咸荥（刘豫波）、曾鉴（曾焕如）、骆成骧（骆公骕）、文龙（文海云）、颜楷（颜雍耆）、衷冀葆（衷佑卿）、林山腴（林思进）等人。在公园里的雕像中，既有“保路风潮”，又有“仁善之心”“蜀中学人”群像，集中展现出了“五老七贤”风骨，这也是民国时代的绝世风华。这里还有晚清状元骆成骧所在的骆氏祠堂的“状元及第”牌匾。

20世纪的前半期是“五老七贤”活跃期，他们大都于40年代相继谢世。1948年，赵熙辞世，刘咸荥书挽联：“五老唯馀二老，悲君又去；九泉若逢三友，说我就来。”挽词寓悲于谐，情谊深挚，为时传诵。第二年，刘咸荥也以93岁高龄而终。1952年担任四川省文史馆副馆长的林山腴于1953年病逝，一个文化时代结束了。

在公园漫游时，我发现也有年轻人进来观看这一组特殊的人文雕像。“还真不知道成都有‘五老七贤’的故事。今天这样的人不多见了。”有位小伙子看到这些介绍后这样说。家住民兴大道附近的居民也爱到这里游逛。“五老七贤，是成都传统文化的代表，想不到在我们身边就能看到他们的故事。以前这块地方也是东华的地方，现在看到这种变化，真是让人想象不到。”李栋宾这样说。这样的人文景观无疑是在传承着成都的文脉。

此外，圣灯公园还通过建筑形态、街头小品等方式，突出东郊工业元素，让人想起工厂林立的东郊时代。不过，让这里居民感受最大的还是公园的便捷，不少居民不必走太远的路去游逛，在家门口就可看到风景，可游逛公园。

圣灯厂事

火红的岁月，火红的年代。20世纪50年代，一批国有军工企业落户成都东郊。这些企业的到来，不仅繁荣了成都工业文明，也带动了成都人的就业。在圣灯街道，就有国营成都无线电厂、国营西南无线电器材厂和锦江电机厂等多家企业。不过，随着城市的发展和工业结构的变化，不少企业已经搬离东郊，但它们留下来的记忆让东郊多了很多故事。今天，这些“厂事”跟随时代的变迁，已成为过去时，但也正因如此，越来越受到人们的关注。不仅如此，圣灯街道凭借着与工厂临近的关系，创办乡镇、社办企业，一跃成为成都首个“亿元乡”。这些都彰显出圣灯人敢于拼搏奋斗的时代精神。

719厂与784厂

东郊的国有军工企业数量众多，而在圣灯街道的境内就有数家企业，它们的出现既是成都工业发展的需要，同时也是圣灯街道工业文明发生变化的因由。通过这些国有工厂的视角，我们可以观察到圣灯这一区域的变革。比如生产为飞机、导弹配套的通信、导航系统产品的719厂，国家骨干军用电子组件配套企业715厂，生产军用雷达整机的784厂等都是其中的代表。它们在建厂之初，出于保密的需要有三个名称，除了这种编号厂名之外，还以信箱为名，719厂叫69信箱，715厂叫82信箱，784厂叫107信箱。最后一个是公开的厂名，“为的是掩人耳目，叫人无法望文生义，猜不透该工厂究竟是生产什么产品的”，719厂叫国营成都无线电厂（后改称国营新兴仪器厂），715厂叫国营西南无线电器材厂（以后改名叫国营宏明无线电器材总厂，“宏明”两个字就取自当时的厂党委书记和厂长名字中间的字——书记赵宏图，厂长夏明文），784厂叫国营锦江电机厂。

圣灯当时还有数量众多的乡镇企业、村社企业存在，他们是圣灯经济发展的助推力。这些大大小小的企业，影响到圣灯街道的文化气质，给原有的朴素乡村生活带来了新的活力。

裴亚东执掌719厂

2019年5月的一个周六，我在玛塞城收藏品市场遇见一册裴亚东所著的《裴亚东革命回忆录》，此书是1993年12月3日裴亚东签名“赠719厂子弟校阅览室存阅”的。书里记录了其从1973年开始在719厂十年的工作经历。

▲ 裴亚东　选自《裴亚东革命回忆录》

719厂是第一个五年计划中苏联援助的156项工程之一，1953年8月开始筹备，筹备组临时办公室设在总府街招待所，随后搬入蜀华街的一家饭店里，再后来筹备组就另买了地方作为办公室。1955年10月在今二环路东二段北侧（今龙湖三千集）田野上破土动工。1957年底大部建成并试生产，经国家批准动用，1958年6月18日正式开工生产。

719厂在建设过程得到了中央和省市领导的高度重视。1958年4月，陈毅来视察后，还题词：“一九五八年四月二十五日参观了成都七一九厂，非常高兴。”当年的6月18日，举行开工典礼，四川省长李大章、成都军区司令员贺炳炎、第一机械工业部副部长刘寅、苏联部长会议无线电电子技术委员会代表团团长弗拉基米尔斯基（苏联部长会议无线电电子技术委员会第一副主席）率领五人代表团参加了开工典礼。李大章剪彩，刘寅致词：“祝贺同志们已经取得的成就，预祝同志们在尖端技术上取得更大的成功。”

裴亚东是位老革命，1919年出生于山西兴县史家山村（后改名新建村），1937年投笔从戎参加革命。在到719厂工作之前，裴亚东在长春228厂担任厂长。由于历史原因，他作为“走资派”被批斗多年。1973年6月，他到719厂报到，7月回长春搬家，因落实政策，9月份才正式上任工作，担任革委会主任。

到719厂之后，裴亚东就发现工厂面临着几大问题：一、领导班子不健全。当时“支左”部队逐步撤离，厂领导人员空缺，中层干部作为厂里生产、行政各口临时负责人，还没得到上级正式任命，“全厂党、政会议都很难召开”。于是成都市国防工办口头宣布裴亚东代理党委书记。二、派性严重，干扰工作。当时一位青年职工上大学，因派性严重闹到市里省上，工作很难推进。三、极左思想影响，企业工作难以推进。当时涉及解决工厂和职工经济利益的问题很敏感。1973年因工厂没有给职工发烤火费，引起职工不满，消极怠工，影响了生产。第二年发放了烤火费，事后还得向上级机关写检查，承认“错误”。烤火费这个问题影响到很多企业。也正是由于这种情况，裴亚东一上任就注重在促进生产的同时，着力解决职工生活的问题。如解决十年未给职工涨工资、已婚职工两地分居等问题，办“七二一”工人大学、电视大学、技工学校，职工子女教育也纳入工厂管理，创办子弟学校，推动幼儿教育。这些举措无疑都在不同程度上解决了职工的后顾之忧。

在裴亚东领导719厂的前半段，既要解决厂内矛盾问题，又要解决生产跟不上的问题，由于种种原因，719厂的生产一度出现半瘫痪状态。为了促进生产，裴亚东“把行李也搬到了厂办公室，吃住在工厂，白天晚上和干部工人在一起，及时处理出现的问题”。工人们的积极性也得到提高，并开展了劳动竞赛，1977年提前16天全面完成了国家生产任务，实现了扭亏为盈，摘掉了亏损的帽子。

王文钦在《为了一个工人的手》里，记叙了1974年4月21日，刚到719厂冲压车间三年多的肖大安工作时由于精神分散，在操作作业时右手的四根手指被压断。厂卫生所在处理之后并不能解决伤势问题，裴亚东赶过来，要求工厂和医院千方百计保住肖大安的右手。肖大安被送到沙河边的市第一工人医院，由于受技术、设备等条件的限制，工人医院对肖大安的断指再植无法进行，于是决定立刻送往上海市第六人民医院，裴亚东紧急协调并派专机将肖大安送到上海救治。此举在当时成都国有工厂的历史上是绝无仅有的。在上海，肖大安得到了及时的救治。事后，为了照顾肖大安上班方便，工厂在厂区给他分配了住房，将其家属由市区搬来，并根据他的身体情况调整了工作。

后来，裴亚东在《裴亚东革命回忆录》中如此写他在719厂的十年：

> 这十年是我为党为国家努力拼搏奋斗的十年。虽然工作中遇到这样那样的问题，受到过这样那样的干扰，但我始终是乐观的，蕴含着工作欲望，充满着成功的信心。
>
> 在这十年中，除一九七四年和一九七六年由于当时政治运动的影响和干扰没有完成国家生产计划亏损五百余万元外，八年都是提前超额完成国家生产计划和各项任务，并盈利四百余万元，

为装备部队、国防现代化、保卫祖国和支援友好国家作出了贡献。这是我厂在上级领导下，广大职工努力的结果，是我厂的光荣，也是我的光荣。[①]

715厂旧时光

715厂是国家“一五”时期确定兴建的156项重点建设工程之一，纳入了我国第一批新兴电子工业骨干体系。工厂于1955年在圣灯寺开工建设，《激情岁月——成都东郊工业史话》里记载：“职工生活区则选在距离厂区两公里的猛追湾一带，当时的猛追湾一带被人们戏称为‘母猪湾’，周围都是农田和杂草丛生的坟丘，到了晚上几乎没人敢走。”

筹建初期的715厂职工人数最多时达到六千人，第一批职工全部是从全国各地的无线电厂调来的，当时还来了一批十来岁的童工。成都市委书记说：“他们都还这么小，流落到社会上也不是办法。”于是工厂就把他们安排进了车间，后来成为厂里的骨干。

张帆后来在《记曾外高祖顾复初先生》一文里说：“我1959年10月生于重庆，长在成都，因解决父（张元贵，后更名张敏康）母（吴常德，后改名吴学群）亲两地分居的问题，母亲由重庆南山中学调入成都市第二中，还在襁褓中的我也于1960年春随母亲来到成都，与分配在成都国营715厂工作的父亲团聚。”

① 裴亚东著：《裴亚东革命回忆录》（内部资料），1993年，第154—155页。

715厂于1958年正式建成生产，6月8日在715厂的坝子上和719厂联合举行开工典礼。开工的第一年，工厂“大跃进”开始了。“生产、炼钢两不误”是当时最响亮的口号。累了就在车间凳子上躺一躺，醒了又接着干是当时最普遍的工作状态。在“大跃进”期间，西南无线电器材厂党委按照刘少奇的指示创办半工半读的西南无线电器材学院，为电子组件行业输送人才。1958年我国第一只热敏电阻器在西南无线电器材厂研制成功。苏联派出了以高尔波夫为首的四十余位专家到厂，工厂也同时派出了以厂长夏明文（曾任川西地区组织部长）为首的管理和技术干部赴苏联进行培训实习。这些举措带动了715厂的发展。

715厂创建之初就技术人才济济。如：袁义洋，江苏人，1957年自南京无线电工业学校毕业时才十九岁，和他一起奉调来到成都建设宏明厂的校友达二十八人；宁志学，陕西人，是1949年底随贺龙大军进入成都的“南下干部”，此前在西安随贺龙岳父学过俄语，遂成为苏联援建宏明厂时最早的俄语翻译；刘治国，陕西人，历经淮海战役、抗美援朝战争，坐着“援建大西南”的专列来到成都，军医出身的他亲手办起了宏明厂医院；刘从谦，1970年从南京航空航天大学毕业后，在云南一个军工厂工作，1975年调到成都715厂产品设计所工作，负责导弹电子控制部分专用晶体管的研制。

《成都商报》在2009年曾以《成都东郊：标号“1957”的两根烟囱》为题讲述了张仁任的故事：

这里说一说1983年任宏明无线电器材厂厂长的张仁任。自从故乡杭州来到成都，他就再也没有离开。1953年7月，毕业于杭州浙江工业干部学校的张仁任还在天津实习，被当时的国家二机部第十局紧急召回北京。那一年斯大林逝世，苏联将原定的141项援建中国的重点工程追加到156项，增加的全是电子项目，其中4个被布局到规划为全国三大电子工业基地的成都。

任务紧急，张仁任抵达成都甚至动用了飞机。他从北京直飞武汉，再转飞重庆，再坐汽车。张仁任第一次来成都，只花了两天时间。

从1953年参与筹建宏明无线电器材厂的一个小年轻，到1994年从厂长位置退休，张仁任亲手建起了成都现代工业的第一根烟囱，又眼看着它在半个世纪后倒下。

在“三面红旗”和“大跃进”时期，宏明厂和量具刃具厂还是成都仅有的两个“红旗厂”。1959年元旦节那天，当时的成都市政府为保新年工业“开门红”，与两厂商量不停产休息。两厂停产一天意味着什么呢？意味着成都工业产值将陡降10%。

宏明厂的产品线很丰富，从“三转一响”中的收音机，到后来的电视机、洗衣机、电冰箱、空调、手机需要的元器件和配件，到汽车电子设备。宏明厂的产品应用领域很广泛。

但宏明人最在意的口碑是他们的军品制造。据前宏明厂副厂长袁义洋回忆，宏明厂的军品生产按最严格的“七专”标准进行，即专门材料、专门人员、专门设备、专门工艺、专门生产条件、专门检验、专门筛选。

白天产民品，夜晚造军品，宏明厂的军品生产在军队名噪一时。军工产品质量第一，军队客户从来只认“715厂”的印章，不知宏明厂。

经过调整之后，715厂在2000年改制为成都宏明电子股份有限公司。

锦江电机厂往事

关于锦江电机厂的命名，曾任锦江电机厂党委办公室主任的蔡鹤皋写过一篇《筹建岁月漫忆》，其中提到工厂的命名：“筹备组刚成立时，统一用715厂的82信箱为通信地址，工厂代号和住址一律保密，不得泄露。一九五四年八月，我厂开设了自己的邮政信箱和电报挂号。随着工厂对外联系的增多，一九五八年，主管局通知设立第二厂名，并征求工厂意见。当时，建设社会主义的总路线已经公布，有的同志提议叫‘上游’厂；有的同志以工厂位于历史名胜之滨，取‘锦江春色来天地’的意思，提议叫‘锦江’厂。结果以‘锦江’方案上报，经批复同意，并颁发给印章。”更多的时候，锦江电机厂被称为784厂。

据《激情岁月——成都东郊工业史话》记载，1953年，156项苏联援建重点工程之一的锦江电机厂开始筹建，国家第二机械工业部王士光副局长带领筹备处人员到东郊选厂址。1954年4月，工厂筹备组成立，市建委批准在东郊工业区离城2.5公里处划出锦江电机厂厂区，面积约16公顷；5月，第二机械工业部十局编制了工厂《厂址选择报告

▲ 1955年6月，锦江电机厂在废墟上修建　选自《成华区军事工业志》

书》；11月，工厂铁路专用线动土修建。1955年6月，第二机械工业部批准由苏方设计编制的工厂技术设计，厂区部分建筑开始施工。有一张老照片显示了6月1日厂房在一片废墟中奠基的场景，可以看到在田野上工人们正在修建厂房，而另外一张照片则是厂房、工人劳动的场景。从无到有，锦江电机厂一步步地壮大起来。

作家周明生在《沉浮东方》一书里介绍784厂的第一任厂长郭克："10军某师政治部主任，四川解放后转业任内江专署专员，1954年调到784厂任厂长。他原来搞地方工作，并不熟悉工业。当时，工厂大体上由三部分人组成：从大中专学校分来的学生，从老厂调来的老工人，还有新招的年轻人。建厂初期，工厂各方面的条件都很差。郭克的难能可贵之处，是没有架子，深入到工人当中，吃、住在一起，跟大家打成一片，把大家团结在一起。郭克这个人，有些业余爱好，他喜欢打乒乓球，也喜欢京剧，他专门成立了一个业余京剧团，吸引了厂里所有的年轻人，这不仅是职工们业余时间的调节，更增添了这个集体的凝聚力。跟着郭克，大家的干劲鼓得足足的，一心一意要把工厂早日建成投产。”①

朱明庆曾任784厂的高级工程师。他毕业于南京航空学院雷达专业，于1956年分配到成都。朱明庆的儿子朱谷川后来回忆说：“784厂的技术人员基本上是江浙一带毕业的大学生，我父亲当时的很多同学都在东郊。107的设计所集中了所有技术人员，当时起码有两三百人，除了一个四川人，其余全部是江浙人。一走进设计所，就像来到了江南，他们全说的是自己的家乡话，再也不用说拗口的普通话。”

虽然这批江浙人来到了成都，却很难主动融入成都的生活当中。他们经常搞聚会，流行吃“转转饭”。“有哪个从江浙出差回来了，必定会带回一大堆家乡的东西分给大家；如果带回的东西不多，往往就会用家乡带回来的东西请大家吃一顿。最有代表性的家乡菜有什锦砂锅，里头有蛋饺、虾仁、粉丝、玉兰片、面筋、狮子头，好吃得很。”朱谷川说，“文化宫对门有一家国有馆子，名叫‘三六九’，是专门卖江苏菜的，我父亲他们最爱到那儿去吃饭。”

1925年出生于山东陵县的刁长庆，1954年5月转业到国防工业战线，在南昌320厂和成都132厂工作，后来调到784厂担任党委书记。在工作之外，他还是一位诗人，曾出版过一部《薪炭集》。1998年是该厂建厂四十周年，“工厂面临着改制转型和产品更新换代重要关头，特撰数语，一为祝贺，二为鼓励也”。诗云：“百花璀璨锦江园，岁月峥嵘四十年。创业先行凭众力，拓基后续赖群贤。脱胎换骨

① 周明生著：《沉浮东方》，成都时代出版社，2012年，第215页。

良非易，改制转型诚大难。似铁雄关终须过，严寒去后是春天。”显示出了784厂面对困难时的豪情。十年过后，刁长庆还为784厂建厂50年时写了四首竹枝词。

其一

立足东郊电子城，军工大厂好名声。
国防产品渊源出，巩固边疆保太平。

其二

干群团结一条心，风雨同舟五十春。
为国增光齐努力，自强不息锦江人。

其三

创业艰辛守业难，锦江经历不平凡。
人才辈出传帮代，青出于蓝胜于蓝。

其四

如今再看锦江厂，产品更新换代忙。
百尺竿头尤努力，兵强将勇创辉煌。

到了20世纪90年代，这些国有工厂的优势和光环渐渐褪去。从2001年9月至2005年7月，东郊企业结构进行调整，719厂和715厂迁往他处，仅有锦江电机厂还留在东郊，继续发挥着功用。

国营工厂的那些事儿

东郊工厂的故事，由于历史原因，如果不是当事人回忆，可能外界很少知晓。这些工厂相对于圣灯人的生活，是另一个“小世界”，那里有自己的娱乐生活方式，也有着不同于外界的生活规律。在对圣灯境内的工厂进行梳理之后，不难发现，这些工厂看似独立的“世界”，与我们所看到的世俗风景也有相似之处。

两位劳模

在细说东郊故事时，我们不能遗忘的是，在东郊工厂中先后涌现出多位劳动模范，其中不乏国家和省市劳模。

719厂的庞仁英在这众多劳模中最为出名。1958年从重庆调来成都，作为工厂的先进分子，支援成都新厂。“当时刚来的时候，心里难免失落。”因为在重庆的工业区早已很成熟，从家到工厂，可以买到锅盔、油条等，但在成都，从游泳池的宿舍集群区到东郊工厂集群区之间，周围全是农田，“条件很艰苦”。

庞仁英认真负责，其所管理的车间，产能是最高的，从没出现过生产事故。

1958年，庞仁英作为“妇女建设社会主义积极分子”第一次进京领奖。那个时候人民大会堂正在修建，全国的积极分子到了北京之后，不是先去领奖，而是先到人民大会堂工地上帮忙搬砖头。“反正那个时候就是那样，个人就是革命一块砖，哪里需要往哪搬。”

1959年，人民大会堂修好了，她作为全国劳模再次上京。全国劳模们就在修好的人民大会堂内参加“全国群英会”。“毛主席也见了，周总理还挨桌给劳模们敬酒……”这样的场景，让庞仁英一辈子都记得住。

回来之后，她给厂里开集体经验介绍会，还被各车间挨着请去开讲座。她的照片被放大挂起来，一进厂门就看得到。

“那是最大的荣誉，也是最大的鼓励，那时对物质的意识很淡的。”当时的奖品：一张奖状，四本《毛泽东选集》，一支派克钢笔。回厂之后，她把钢笔交给了生产小组，公用。而《毛选》，则留给自己学习。

庞仁英一时成为工人学习的先进对象。如今说起庞仁英的故事，依然让人感受到那个年代的火热。

715厂出了位全国劳模——副总工程师毛祖佑。《成华区军事工业志》这样介绍他：“作为瓷料技改项目总设计师，他组织参加了项目的选项、立项、生产线引进、资料软件开发、规模化生产全过程。他先后牵头开发了二十多项新产品并投入生产，填补了我国瓷料依赖进口的多项空白。他在‘七五’‘八五’‘九五’期间组织领导了多项‘863’课题的研发，为工厂争取科研经费三百万元。仅用一年时间便完成了课题‘瓷料中心建设与瓷料开发’其中十三种瓷料的研制，部分成果达到国际先进水平。”

郊的“夹皮沟”

《智取威虎山》里有个地方叫“夹皮沟”。784厂的作家杨传球说：“我们厂的八街坊宿舍区也有个‘夹皮沟’。此夹皮沟位于八街坊后面的两座正规宿舍楼之间。两座高高的宿舍楼仿佛两座山，夹在其中的坝子上盖了一排低矮的临时棚户宿舍，便被职工们戏称为‘夹皮沟’。”这个说法很形象。

“夹皮沟”是为了满足未婚工人的需要修建的。

杨传球在《夹皮沟的幸福生活》里说：“夹皮沟建于1972年。当时，厂里大量的青年工人已到结婚年龄，很多年轻人已经结婚。可是宿舍区的房子早就人满为患，连宿舍阳台也利用起来改造成了宿舍分配给年轻人，根本没有空房，厂里经常发生抢占房子的事情。为了解决这部分人的住房问题，工厂决定修建一批临时性的住房安置这批人。但由于没有什么空地，左选右选只在两栋宿舍楼之间发现了一块较大的空地，以前曾经放映过露天电影的空坝子，厂里就决定在这里用油毛毡、席子和刨花板搭建两排临时宿舍，以解决已婚青年职工的住房问题。才用了两个多月时间，临时宿舍便搭建完成，这些建筑看上去非常简陋，其实就是现在所说的棚户房，房间里也都配置了大床，一张桌子、两把凳子，每家的门口还修建了灶台和水管，对于那些已经结婚尚未有住房的年轻人来说，这还是很有吸引力的。果然，几十套棚户房刚一修完，还没有开始分配，就在一夜之间被哄抢一空。我也跟着抢了一间。

“除了能遮风挡雨外，可以说再无优点了：夏天热得要命，冬天到处钻风冷得要命，最要命的是房子隔板就只有一层刨花板或者席子，一点也不隔音，一家有个什么响动，隔壁一连几家都听得清清楚楚，就像都睡在一个大通铺上。”

尽管如此，总比没有房子要好得多。

在杨传球的笔下，夹皮沟的生活就是这样：晚上你想早点睡也睡不着，因为大家都还处在兴奋中，别人不让你睡，只好睡晚点。而早上却也由不得你睡懒觉。每天早晨六点半钟，厂广播站《东方红》音乐声一响起，夹皮沟就立即热闹起来，这时你就是想赖在床上都不行了。

夹皮沟的生活虽然艰苦，但也有乐趣。比如逮耗子需几家联合才能逮住，冒险听女高音歌唱家刘淑芳演唱的《鸽子》……这些都给单调的工厂生活带来快乐。这夹皮沟只是过渡用房。杨传球回忆说：“20世纪70年代末80年代初，随着工厂经济的好转，宿舍楼一栋接着一栋盖起，夹皮沟也陆续搬空，在夹皮沟原地盖起了一栋新的五层宿舍楼。但生活在夹皮沟的那段难忘日子，却怎么也挥之不去，曾经的老住户凑在一起，常常会不由自主地谈起它。”

杨传球所说的“八街坊”，《成都建筑志》里则有如此记录：“1955年，成都市首先在东北郊工业区以建设路为枢纽，从猛追湾到沙河边，在干道两侧约五十公顷范围内，规划了八个住宅街坊。街坊总平面为周边三段式，街坊内主要道路呈T和Y形，由两三幢住宅围成不封闭的院落。街坊中心地带修建俱乐部、灯光球场、露天电影广场、职工食堂、卫生所、幼儿园和子弟校等。区域性百货公司、主副食品商场、邮电局、银行、旅馆、餐厅、照相馆、洗染店、理发店、浴室以及电影院等则建在干道中段两侧，医院建在沙河边。”[①]无疑，这八个街坊在后来成为各自独立的区域，演绎着不同的东郊工厂故事。

根据《成都建筑志》记录，最初设计时，这些街坊的房间户平均建筑面积分别为80和60平方米，室内装修标准高，单方造价高达90元左右。1955年为了降低非生产性建筑标准，设计做了修改，造价也降低到50元左右。在分配住房时，“绝大多数职工只能两三户合住一套”，直到1963年推行小面积住宅设计时才有所改变。

① 成都市建筑志编纂委员会编：《成都建筑志》，中国建筑工业出版社，1994年，第143页。

中国乡镇之星

圣灯公社成立之初，在成都市郊区的十多个人民公社当中并不是引人注目的一个。它以农业为主，并没有多少工业企业，这也影响了圣灯公社的经济发展。但随着公社经济、社会的发展，圣灯公社的领导人起到了关键作用。这里就不能不提曾担任圣灯乡乡长的李万顺。

《圣灯乡志》对李万顺的介绍是："1962年至1980年1月在部队服役。1965年10月入党，历任战士、文书、军校学员、实习排长、副指导员、指导员，以及团、师、军干事。1980年1月至1983年7月先后任中共圣灯乡委员会组织干事、机关党支部书记、团委书记、党委副书记、区第四届党代表。1984年至1988年，李万顺先后担任圣灯乡第六届、第七届人民政府乡长，中共圣灯乡委员会副书记，为圣灯乡的经济发展作出了一定贡献。"现有的公开资料显示，1966年元月，李万顺担任圣灯公社党委副书记。在圣灯二十多年的发展历史上，除了"文化大革命"期间李万顺没有担任公社职务外，从1982年至1987年，李万顺均担任公社副书记职务。

圣灯寺公社此前的经济状况亦有媒体关注。1964年3月4日出版的《成都晚报》报道："圣灯寺公社圣灯寺大队第七生产队干部、社员团结一致，艰苦奋斗、克勤克俭，农副业生产获得迅速发展……集体经济不断壮大，社员分配部分越来越多。大多数社员都有余粮、有存款……”[①]这是当时圣灯乡的真实情况。《圣灯乡志》说，报道中提到的“副业”生产，主要是指该队的粮食加工业。这是圣灯乡乡镇企业的雏形，限于当时的政策，笼统归入“副业”范畴。虽名不正，但它对于促进农业生产、壮大集体经济、增加社员收入所显示的作用，激起了许多乡干部的深思。但当时单一的农村经济政策迫使圣灯乡干部虽有所思而不能有所为。部分偷食“禁果”者悄悄办起加工厂、修缮队，企图从企业利润中提取资金为集体经济输血，年终分配给社员，最终被扣上“不务正业”“走资本主义道路的当权派”的帽子，在历次运动中遭受批判。因此，圣灯乡两万余名乡民虽多年守着金饭碗，但不得不年复一年地熬着穷日子。十一届三中全会以前，圣灯乡人均年收入仅百余元，部分大队人均年收入仅有几十元。

正是在李万顺搞活经济思想的引导下，圣灯乡在1986年的农工商总收入达到1.3936亿元，一跃成为成都市的首个亿元乡。《圣灯乡志》对此记录：“党的十一届三中全会以后，我乡认真贯彻党中央制定的路线、方针、政策，坚持‘依托城市、服务城市、富裕农村’的方针，努力利用城市科技、资金、设备、人才及我乡的地理优势，发展电子电器、机械制造、建筑建材、缝纫、商饮旅服务等现代大工业的配套行业和城市服务的配套行业。我乡乡镇企业从无到有，逐步发展。迄今为止，全乡拥有乡属企业65个，村属企业116个，组属企业176个，个体1121户，联合体14个，五轮收入合计20229.88万元

① 金牛区圣灯乡人民政府编：《圣灯乡志》（内部资料），1990年，第60页。

（1988年），占全乡各业总收入的86.1%。”

1987年1月31日出版的《四川日报》上有一篇新闻报道《农村经济改革政策不变》，报道了圣灯乡兑现承包奖的新闻：

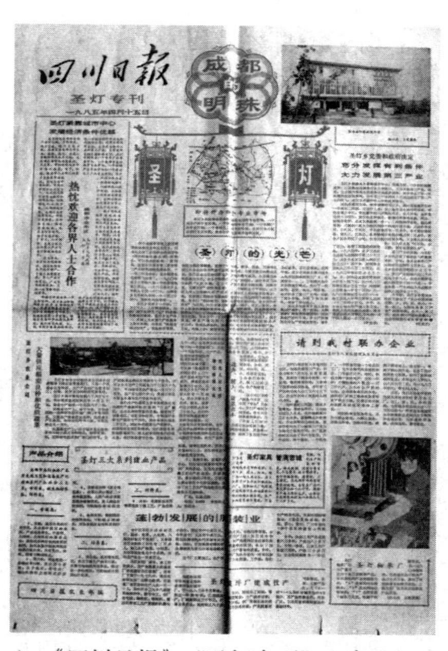
四川日报
圣灯专刊
成都的明珠
热忱欢迎各界人士合作
圣
灯
圣灯的光芒
请到我村联办企业

▲《四川日报》“圣灯专刊”　李彬摄

> 去年，这个乡的乡、村、组及各企业负责人均立下军令状，签订了经济承包合同。乡党委、乡政府明文规定，实施承包，超额完成任务的予以重奖。去年年终结算，全乡农工商各业实现总收入1.3936亿元，比上年增长二成多，超过区上下达指标。全乡上交税金390多万元，人均交税金100多元，比上年增长38%。春节期间（大年初一），省市领导来到圣灯乡祝贺。省长蒋民宽说：“你们是全省的一朵花，希望圣灯乡能在建设具有中国特色的社会主义新农业中起骨干带头作用。”……全乡对去年6个实现总收入千万元的村、11个总收入过百万的乡属、村属企业，以及23个总收入超过百万元的组，分别按照去年签订合同的规定，发给奖金共4万多元，同时给828名在农业生产中取得突出成绩的先进个人颁发了奖状和奖品。

由于圣灯乡及时兑现了奖金，“乡村组各级干部工作热情更高，各村、组都积极发动群众制订今年增长计划，落实承包指标，现层层已累计订出各业今年（1987年）总收入一亿八千万元的计划”。圣灯乡逐步实现了由单一的农村经济向城市近郊型经济的转变，乡镇企业在圣灯全乡经济中占主体地位。

2018年10月，我采访到从事装饰设计二十余年的企业家唐卓韧。1952年出生的唐卓韧最初在西城区建筑公司当泥水匠，这个工作没做多久，就遇上改革开放，不少人下海经商，他也计划做一家煤球厂。于是，唐卓韧找到李万顺商量，李万顺否决了他的计划。

“80年代，结婚很流行请人打家具，但上的漆一律都是‘偷油婆’色。有一天，我偶然发现缝纫机的虎纹台面非常漂亮，我想，可不可以绘制出这种虎纹？我有美术基础，实验了几十次后，成功了。我绘制的虎纹、楠木纹等可以以假乱真，上漆之后，实在漂亮。逐渐有人请我这个‘油漆匠’上门油漆家具，名声不胫而走，到了应接不暇的程度。那时我一天可以赚十元钱，我一个月的工资才二三十块呀！后来，就决定开办家具厂，那是成都最早的家具厂之一，我设计出书本上也没有的各种款式，组合柜、镶嵌有书画作品的工艺屏风、宫廷花瓶、宫灯，四川电视台、中央电视台以传承传统文化为题，予以了多次报道。

“1986年我组建装饰设计机构，一丝不苟地完成‘沙盘作业’。我接手的第一个项目是地质宾馆八角楼歌舞厅，采用了‘万物生长’的意象，头顶是彩虹、星空，有造梦的氛围。这应该算是成都第一家真正意义的歌舞厅。后来我又参与了重建人民商场的装修设计竞标，一举中标。这一项目完成后，我的理念上了一个台阶。”

而这些都和李万顺的乡镇企业的发展理念有关。像唐卓韧这样的企业家在圣灯街道还有不少，他们的业务涉及建材、建筑、机械、电子电气、家具、交通运输、服务业等领域。

乡镇企业的增加，不只带来圣灯乡的经济增长，同时也带来了就业人口的增加。《圣灯乡志》提供了一组圣灯人口就业的数据，从1978年的553人增长到1988年的8920人。

圣灯乡在起步阶段先后建起八个砖厂，一个乡属停车场旅馆，到1982年全乡建起了（乡、村、组）三级企业257个，年收入达到1143.08万元。1985年至1987年被定义为“蓬勃发展阶段”：1985年发展乡镇企业583家，当年末即有90%投入生产。当年全乡五轮收入共8336.86万元，这为未来的圣灯乡收入破亿元打下了坚实基础。1987年年底，时任圣灯乡党委书记的曹忠明写了一副对联加以概括：“短平快，四面出击以多兴快保速度；高精尖，八方集中以好胜多添后劲。”当年的春节，省市领导蒋民宽、何郝矩、吴希海等亲临圣灯乡，给全乡干部、群众拜年，并欣然命笔题词。毫无疑问，在成都的众多乡镇中，唯有圣灯乡享有如此殊荣。

刘义章、陈世松主编的《四川客家历史与现状调查》里说：“圣灯乡的国民经济总产值名列成都东山客家乡镇之首。据1999年底的统计，当年全乡农业总收入为17.4亿元，社会总产值16.02亿元（其中工业总产值为7.77亿元），财政收入为4203万元，农村人均3852元，是东山客家地区中的典型的‘小康之乡’。”

就在圣灯乡经济蓬勃发展之时，从20世纪90年代中期开始，全国各地老工业基地生产规模和企业效益急剧下滑，东郊工业区也不例外，尤其是三大困境难以化解：一是成为成都工业的“重灾区”，2000年，东郊企业的工业总产值占全市的比重下降到20%以下，企业平均负债率高达70%以上，亏损6000万元，大批企业破产。二是沦为成都中心城区的“贫民区”，国企职工生活艰难，数万职工下岗，在岗职工收入连年下降，集体上访等群体性事件频繁发生。三是成为影响成都城区环境质量的主要“污染源”。大量工业污水直接排放，沿沙河一线排污口250个，年流入污水3788万吨，使贯穿东郊工业区的沙河成为一条臭水河。2001年8月，成都市采取“三个一批”（即搬迁改造一批、关闭破产一批、就地发展一批）的模式对东郊企业结构进行调整。[①]在这样的背景下，加之圣灯街道逐渐撤村建居，乡镇企业不再有昔日的荣光，“中国乡镇之星”也就逐渐成为圣灯经济曾经辉煌的代名词。而李万顺的时代结束与此几乎是同时的。

我们不妨关注一下圣灯街道的几家有代表性的乡镇企业，比如《圣灯乡志》记载的圣灯轴承厂、关家建筑工程队、成都电力电子设备厂、圣灯乡城北停车场旅馆、成都市十里店标件厂、成都市东华花岗石厂、成都新鸿电焊厂等。

我留意到，1985年4月15日出版的《四川日报》还曾推出过一期“圣灯专刊”对圣灯乡的发展做推介，在当时，省级媒体关注乡镇现象也是少有的。如今，这些辉煌过去依然为圣灯人津津乐道。

① 成华区地方志办公室编纂：《成华区军事工业志》（1953—2005）（内部资料），2013年，第7页。

圣灯风物记

陶潜在《游斜川》诗序里说："天气澄和，风物闲美。"风物既可指风光景物，也可指风俗物产。过去，在以农业生产为主的圣灯街道，在长期的历史记录中风物是缺席的，这里记录的风物只有在细致的采访中才会一一呈现。当我们梳理圣灯的人文风物时会发现，这里的风物与周围的街道既有相似之处，又有自己的特色。

圣灯街道琐记

圣灯街道的街巷近年来已发生了许多变化。新建筑和道路设计都沿着新的方向在进行。如果说前十年是从乡村融入城区，现在则是开启社区融合的新发展。

张松在《作为集体记忆的街巷》里论述了街巷的重要性："历史城市的街巷肌理、生活景观是人类文化的产物和创造性的积累，也是社会集体记忆所在，城市街巷和建筑的稳定性，可以保持市民集体记忆的延续性（乡愁寄托）；'大拆大建'不仅会导致城市肌理的破坏，使集体记忆被彻底抹去，还会带来城市灵魂的丧失。每一个社区或场所的空间遗产和集体记忆都是不可取代的，也是未来发展的重要资源，在城市可持续发展框架下必须得到积极保护和精细化管理（文化传承）。"通过对街巷的系统走访，也许可以打捞到丢失的记忆。不过，圣灯的街巷历史时间短，20世纪五六十年代（1949年前仅有"鸡公车"土道），随着一批国营工厂的修建，这里才开始有街巷出现。

那些老地名

在圣灯街道有一些老地名，因新建筑不断修建，它们渐渐地被人们所遗忘。但对于一个地方的文化来讲，这些地名却在传承着历史。我们通过多种方式走访圣灯的老人，对这里的老地名逐一进行打捞。

位于人民塘社区的老地名有马道子。这个地方在民兴路中段，原来的人民塘村第十三村民小组内，过去，是成都北门到东门隆兴场（现龙潭寺）的必经之路。1949年之前，人民塘村内没有公路，只有这条土筑大路与外界通连。在交通运输极不发达的过去，无论是官员还是乡绅都以马匹作为交通工具，人们骑行到这里都要停下来喝口茶、吃口饭、歇歇脚，也让马儿吃点草、饮点水，停顿休息。周边的百姓也常到这里买点油盐酱醋，喝茶聊天摆龙门阵，这有点像旧时候的驿站，而当地客家话称它为“马道子”。现在的地图上还有这个地名。

人民塘还有个旧地名叫莲花桥。民国版《华阳县志》卷十二记载：“莲花桥治东北城外十里，该桥位于人民塘原十三组与七组土地交界处，最早桥面约两米宽，后经多次改扩建，现桥面宽八米、长八米。”相传最早由明末清初的袍哥组织带头修建，桥旁有一荷塘，夏天这里荷叶青翠、荷花盛开、莲蓬挺立，于是取名为莲花桥。

莲花堰，《成都地名掌故》记载，人民塘的这个堰有百年的历史，方圆约三十亩，作灌田蓄水用，塘内种植莲藕，故名莲花堰。东风渠建成后，废堰改田，现存大小鱼塘六个。

白家湾，从龙潭寺向龙村流来灌田的水沟，经过此地时形成水湾，明末清初大移民时，有白姓人家到此占田居住。像这样因移民而取的地名还有多个，白家湾在成都的老地图上还能看见。

三步两洞桥，此桥位于东华社区的成华大道十里店路与民兴路交界处。东华社区的李栋宾介绍说，以前这座桥，是一块石板铺就，桥不长，不管怎样走过去都是三步，下面有两个桥洞。当时就取名为“三步两洞桥”，现在道路拓宽了，桥名仍保留了下来。如今这些地名随着城区的变化，已少有人知道了。

有一条路叫民兴路

旧时人民塘村与外界联系仅有一条土路。《人民塘村志》记载：“民国三十年（1941），人民大队只有一条由李家巷—八里庄—成都机车车辆厂后门—马道子—莲花桥—人民小学—跨过十陵河通往龙潭寺的黄土大路，可通人力车和小板车。那时，人们运送货物主要是肩挑背扛和用‘鸡公车’推，有钱人家要出行又懒于走路的，只能坐轿子、乘滑竿，而广大农家出行就只能靠自己步行。这唯一的一条黄土路，低洼不平，蜿蜒曲折，村民都叫它‘下雨一包糟，天晴一把刀’，出行十分不方便，交通条件十分恶劣。”20世纪90年代，成都周边的各个村庄纷纷修建道路，人民塘村也是如此，“从仅供运输农作物的机耕道到车辆能自由通行的混凝土路，村内的交通建设历经十多年，修筑各类道路14条，总长11080米，贯穿村内13个村民小组，与村周边的各条交通大道连接互通，如今已形成了便捷通畅的道路网络”。

“要想富，先修路。”李彬在接受采访时说民兴路反映的不只是人民塘村的变化，也是圣灯的典型案例。当年他亲历了这条路的建设。李彬说，当时他刚下派到村里来，人民塘村的交通不便，城乡结构也在逐步进行调整。为了保存村里的经济实力，各个村都在兴办公司，以保存村上的集体经济，大概是1993年底，村里开会决定公司名字。不少人提议叫“明星”公司，那时候明星很流行，但这名字俗气没特点。李彬提出了“民兴”的新方案，简言之，即人民塘村要走向兴旺发达的道路。最后，公司取名为成都民兴实业总公司，下面有各个组的分公司。《人民塘村志》说，1996年6月，人民塘村新一届“两委”班子决定彻底改变村里交通，通过众筹修村里第一条通向牛龙公路（现成华大道）的大路，就取名为“民兴路”。

当时的人民塘村财力困难，资金短缺。于是考虑众筹：一是想办法自筹部分资金，二是向区、乡政府提出申请补助部分资金，三是向外单位求援支持，四是靠村组企业捐资，五是村民捐资。经过多方筹措解决了修路的资金问题。这条长1900米、宽10米的道路经过两个多月修建起来了。由于道路修通，人民塘村的招商引资也取得了成绩。

到了1997年，成都的小镇实行小城镇建设，周边乡镇的人流行到城里办户口，民兴路就按照序号办理了不少人的户口，这也带动了民兴路的发展。李彬说，后来这条民兴路因发展的需要更名为“民兴大道”。“如今知道这条路命名的人不多，作为亲历者有责任把这些故事讲出来，也是对人民塘村文化的整理吧。”

当我走在民兴路上时，想象着当年修路的历程，若不是修路，恐怕人民塘社区的发展还要晚一点慢一点吧。

东风渠流过圣灯

圣灯街道属丘陵地带，旧时水网密布、沟渠纵横、相互通联、排灌自如。但对圣灯影响最大的还是东风渠。在东风渠修建之前，圣灯所依赖的水源是沙河。东风渠原名东山灌溉工程，1951年春，川西水利局规划自现郫都区安靖乡（原名两路口）府河左岸引水穿凤凰山北，沿岷沱两江分水岭南入龙泉驿区，分灌龙泉山东面西江河流域及西面芦溪河流域，再开凿隧洞穿过龙泉山，灌溉沱江以西丘陵地区，是省内一项大型引水工程。该工程于1956年3月动工。

东山灌溉工程可谓东山的水源补充，其建设共分四期：第一期：1956年3月—4月8日，正式通水；第二期：1956年10月—1957年4月完工，4月28日通水；第三期：1958年2月—3月完成；第四期：1959年12月动工，因逢三年“困难时期”，1960年春停建，1965年12月起续建。

1966年，东山灌溉工程更名为东风渠，沿用至今。诗人李之正在《咏东风渠》里说：“春风吹树正扶疏，积雪消融水满渠。方过电机提灌站，又开钢闸控流枢。源源润泽东山土，垄垄经营丰产区。日暖烟轻光景绚，小楼碟唱正徐舒。”作者在诗里写出了沙河在东山灌溉的过往，也让人看到这片土地即将丰收的景象。

东风渠在成华区境内总长约12.1公里，自金牛区天回镇进入成华区，流经白莲池、龙潭、圣灯、二仙桥和保和五个街道辖区，为成华区全区工业生产、农业灌溉、居民生活用水及防汛排洪排涝提供便利和可能。

《圣灯乡志》说东风渠："由北向南流经我乡人民塘、东华、长林盘、崔家店四村，并间接受益关家堰、圣灯、八里庄三村，浇灌着以上七村数千亩沃土。"东风渠对现在的圣灯街道依然有着重要影响。在几个临近东风渠的社区采访时，居民们说起东风渠的故事，虽然大同小异，比如修水渠的过程，以及对生活的影响，但都让人看到东风渠带给圣灯的改变。

《人民塘村志》也记录了东风渠修建过程："自北向南从人民塘村东边流过。1956年，在圣灯公社的领导下，人民大队组织社员在东风渠流经人民一组处开闸挖渠，修凿了一条人民支渠。几十年来，东风渠的水源源不断流进人民塘村，浇灌着千百亩土地，造福了一代代村民。"不过，由于耕种的土地持续减少，现在的东风渠已经没有了当初的灌溉功效。

当时为确保东风渠工程建设任务的顺利完成，成都市郊区成立了东风渠建设指挥部，指挥部就设在人民一组的张家大院。关于东风渠的建设情况，《人民塘村志》说："修建民工由各用水单位抽调精壮劳力组成，分散居住在人民一组各家各户。民工工资由各用水单位结算，土地由当地政府无偿划拨。""由于人民一组东风渠段系大填方，大量取土后，当地就出现许多低洼地，社员就将其改造成鱼塘。"

在民间记忆里，修建东风渠是一个大工程。出生于龙泉驿柏合镇天灯村的作家李春林在《曾经，我在乡下有块田》一书里记叙当地修建东风渠的情况："我们家这片区域来了上万人组成的修河队。他们有来自西南民院的师生，有来自重庆的解放军，还有周边各个区县的农民。我们家这一区域的祖辈父辈们反倒没有参与，他们参与的是更下游的一段。"修河的现场也很壮观："上万人在这里驻扎，每天高音喇叭呼唤上班下班吃饭，工地上插满红旗，推土机来回奔忙，打夯的号子此起彼伏。更多的人从事简单的挖土、运土。这情形，也算是当地旷古绝今的热闹了。河段修好之后，听说田颂尧等人都有来出席完工仪式。"[1]圣灯修建东风渠的工地场景与此是一样的。

学者谢桃坊当时在圣灯参加劳动，也曾参加过东风渠的岁修。他后来回忆说："（生产队）队长叫我去，犹如下达命令一样。我不会脚踏龙骨水车提水灌田，队长派人叫我同一位农民去车水，好在这位农民关照，勉强完成任务，但我的尾椎骨在水车杠上磨破皮，晚上感到全身骨架似散了。"

东风渠浩浩荡荡从崔家店的北面穿过。曾担任崔家店书记的陈松元说："修建东风渠的时候，因为在学校读书，就没有参加。不过，后来多次参加东风渠的岁修。每年的12月进行，多的时候要修整一个月的时间。大家干劲都很足，因为东风渠关系到农业生产，大家都指望着靠东风渠吃饭。"时任崔家店村农委主任的董维清则举了一个例子："20世纪80年代，一位来成都出差的西安干部说，东风渠这样的灌溉水渠，保证了庄稼、蔬菜的灌溉，不再靠天吃饭，所以你们才能有时间休闲娱乐。西安不像成都水资源这样丰富，不少乡村还是靠天

① 李春林著：《曾经，我在乡下有块田》，四川民族出版社，2019年，第170页。

吃饭。”

有一位名叫曾绍成的民间花鼓艺人曾唱过一首自编唱词的《建设社会主义新农村》，描述了开凿东风渠后的变化：“都懂得水就是庄稼生命，离了水种庄稼就不行。丘陵区全靠堰塘蓄点水，又靠天年好雨水调匀。遇上个天干年才不好整，眼睁睁看到庄稼没收成……解放后对于水利抓得紧，人民政府全心全意为人民。教导我们反对封建破除迷信，教导我们讲科学要向自然作斗争，教导我们人定胜天鼓干劲，教导我们抗旱保苗克服困难把产增。又替我们开辟水源把水引，五几年东山灌渠就修成。修起了东风灌渠好处多得很，地变田，年年大量把产增。栽秧子不消车水使蛮劲，一亩水稻至少要当两亩苞谷的好收成。利用水利来打米磨面粉，工钱少又好又快不淘神。还要用水利把电来供应，让我们农村里头像城市一样点电灯……新中国味道成就唱不尽，唱半天也只唱了丁丁。”[①]

在城市化进程中，河流的功能也在发生转变，农业用途的东风渠在圣灯街道已变身河道风景。2010年，成华区《东风渠天府田园河总体定位及概念规划方案》认为，东风渠是成都市三环内具备高价值地产开发的最后一块宝地。成华区东风渠总体定位为：将东风渠成华段打造成为集景观绿化、旅游休闲、生态游憩为主，兼具文化创意、商业商贸、滨水居住等功能于一体的成都水岸经济示范带——成华滨水活力带，打造田园风格的展示成华形象的生态景观走廊，最终形成具有“三力”聚合的体现现代田园城市“园在城中”理念的战略抓手，

① 谢桃坊著：《成都东山的客家人》，巴蜀书社，2004年，第109页。

成为世界级现代田园城市的水景示范带。

同时，东风渠城市生态绿带作为成华区绿色生态走廊之一，自北向南依次发展与四大功能区相配合的商业商贸、总部创意、文化休闲产业。按照规划，东风渠将成为缝合功能区的天然纽带，未来东风渠是以两岸交通、景观、产业等城市功能缝合为统一功能体。

在圣灯采访时，我多次踏访东风渠，观察河流的变迁，在这里已经寻找不到工业的遗迹，即便是农业生产也越来越少，但东风渠依然发挥着其应有的作用。

沈从文曾说："我感情流动而不凝固，一派清波给予我的印象实在不少。我幼小时候较美丽的生活，大部分都同水不能分离。"对圣灯人来说，东风渠也可如此解读。

流经圣灯的还有几条河，如下涧漕经过人民塘、东华、关家堰，十陵河经过人民塘、东华。而方家河从熊猫大道以南东风渠流出，在圣灯的关家六组汇入石湃渠，长约9.3公里，其流经圣灯的区域包括圣灯、崔家店、关家堰，作为成华区主要的排洪河道，方家河起到至关重要的作用。

以往的方家河两岸杂草丛生、河堤破败不堪、排水系统滞后，走在河边就有一股恶臭气息扑来。2017年成华区着手治理方家河，使河道宽度达到6米，改善了方家河的周边环境。不仅如此，这里还修建了方家河绿道，栽种了花草树木，让附近的居民多了一个健身、游赏的去处。

“无腿超人”在厂北路修车

在老东郊人的记忆里，厂北路口有一位残疾人在修理自行车。他每天在这儿修车，收费比别的地方高一些。尽管如此，还是不断有人找他。他就是曹前明。

1966年，曹前明因在铁路线上捡拾煤块而意外失去双腿，但他从未向命运低头：三十岁那年，他徒手登上了峨眉山金顶，曾在电影《春桃》中出演春桃（刘晓庆饰）的“老公”；他是全国首届残运会两枚金牌得主，也是全国第一批取得残疾人专用小型自动挡载客汽车驾驶证的残疾人；1984年，经过两年刻苦训练的他，成了全国首批残奥会运动员，并在美国纽约残奥会上捧回了两枚铜牌。

我在一篇新闻报道里看到曹前明后来曾在成都铁路局工作。2019年2月，我联系上《西南铁道报》主编周世通。他告诉我：“我有十多年没见这人了，应早办退休了。”如此，线索就中断了。很偶然，我从顾彦先先生处听说其哥哥与曹前明是哥们儿，以前经常在一起玩耍。于是，就联系上顾家模先生，这才得知曹前明居住在英国，大约5月才能回成都。7月20日，成都刚下过一场细雨。在顾先生的联系下，曹前明应约从什邡回到了成都，才得以完成这次采访。

曹前明身残志坚，在他身上发生的种种变化，都显示出了其做事认真的风格，加上不屈不挠，最终为自己赢得了掌声。1966年受伤之后，成都铁路局送给他一辆手摇车。不过，这并没有改变他的命运。他想着要自己“走”路。他先用木料做成小方凳木垫，再用一根细皮带紧缚在断腿上，外加两根小木拐，就用这些工具学着“走”。

渐渐成年的曹前明要为未来的生计考虑。于是找居委会要求糊纸盒，被告知无法安排，后来他又想到以最低工钱做橡胶鞋底，也是没有答案。没办法，他只好另谋出路。1978年秋天，他用两个月的时间学会了修自行车的手艺，然后在车水马龙的厂北路十字路口摆起了修车摊。后来，有一篇新闻报道他修车的情形：“修车对他来说绝非易事，一辆自行车，有腿的人提起来都挺费劲儿的，他搬自行车，要用肩膀扛，用胸脯顶，甚至连牙都用来咬着车子拉。”曾在719厂工作的张义奇在看到报道后说：“这里有夸张的成分，曹前明修自行车，力气大，不用怎么费劲就可搬动自行车。这也是后来他能在残奥会上获得奖牌的因由。”

不过，在这些描述中，很难看出曹前明修自行车的详细情况。凑巧的是，2019年5月4日我在玛塞城逛旧书摊时，遇到一册原《成都晚报》新闻摄影部主任王学成的摄影集《照片上的故事》，在第166页刚好有一张“生活的

▲ 修车的曹前明　王学成摄

强者曹前明”的照片，正是他修自行车的场景：一辆被翻过来的自行车，一位顾客弯着腰和他说话，而他在修补自行车的后轮胎，在说话的同时手上也没停下活计。从照片中，可以看得出他修车的熟练程度，与许多自行车修理工并没有太大差别。

曹前明在采访中说：“最初我把修车摊摊摆到《四川日报》门口的绿化带，保安不让摆，于是就搬到了厂北路口。”曹前明聪明，做事爱动脑，因此他的修车技术一流，东郊各大工厂的工人、领导都爱在他这儿修自行车。那时候的工人工资不高，他却可月收入上千元。在厂北路修车的过程中，还有段故事：他的生意逐渐好了起来之后，同行眼红他的生意，竟在他的摊点拉大便，曹前明面对挑衅，挪一个地方继续干。几次忍让下来，欺负他的同行主动前来赔罪，曹前明对此一笑了之，“人要靠本事吃饭”。

曹前明在修车时，还曾遇到当时的成都市委书记廖井丹。《中国青年报》有一篇报道写道：中年人拍了一下他的肩膀说：“小伙子，我看得出来，你是好样的！你会有前途的。”许多年过去之后，他才知道这位中年人原来是廖书记。由于修车的成功，曹前明成为东城区先进个体户的代表，出席了省、市的各种先进表彰大会。

至于曹前明参加游泳比赛前的故事，最让人津津乐道的是他独自登上金顶：1983年5月1日这天，曹前明来到峨眉山，他两臂撑着石锁形的手镫，臀下垫着一张用皮带缚着的小方凳，在游客络绎不绝的山道上不停地摆着双臂往前移，硬是凭着一双手把自己一级又一级、一梯又一梯地托上了海拔3079米的金顶。在灿烂的晚霞下，金顶有史以来首次迎接一位无腿强者矮小的身影。当年10月，首届残运会如期在天津举行，28岁的曹前明在截肢A级百米自由泳中，以2分27秒5的成绩打破了印度选手创造的远东和南太平洋地区纪录。在这届运动会上，曹前明夺得了两枚金牌。

1984年，曹前明代表中国队参加了在美国纽约举行的第七届夏季残奥会，获得男子A级200米混合泳和100米蝶泳的两枚铜牌，成为四川第一位在残奥会获得奖牌的运动员。

王学成后来撰文说：“《成都晚报》第一个独家报道了他的事迹。之后，全国众多新闻单位转载和相继报道了曹前明的事迹。”其中，4月21日的《中国青年报》在第二版整版报道了曹前明的事迹，在全国引起极大的轰动。在不少人看来，曹前明的事是励志故事，也是人生的逆袭。王学成说：“如果照一般的残疾人生活方式去生活，可能他就不会取得那么多的成就。”

后来，曹前明先后担任了四川省政协委员、四川省伤残体协常委、成都市残疾人福利基金会副理事长等多个职务。他当了政协委员之后，就多次撰写提案，为残疾人争取权益。早在1992年的省政协会议上，身为四川省政协委员的曹前明就递交了关于残疾人开车的提案，2010年，他终于拿到了驾照。

现在的曹前明过着退休生活，除了在国内生活之外，他还常去英国看看女儿。“圣灯在我的生命中占有重要位置。当年在厂北路修自行车，也是出了大名的，媒体报道之后，让很多人一下子知道了我。没有在圣灯的这一段生活，就不会有后来的成绩。”

家常滋味长

郑板桥写过一句话："布衣暖，菜根香，读书滋味长。"寻味圣灯，我们看不到餐饮名店或老字号，却依然餐馆林立。而老一代圣灯人因长期在乡村居住，还是保持着客家人的习惯，在餐馆消费总是不如在家里吃饭更适合"乡情"。白新在接受采访时告诉我，在圣灯靠近十里店的地方有一家老餐馆"叶鸭子"，算是当地的老字号，卤鸭是其特色，经营了一二十年之久，后来因修建地铁站拆迁了。而在地勘路上有一家川菜名馆"四方阁"，其店名标示为"圣灯店"，路的另一边则为桃蹊街道的咖啡一条街。

圣灯物产丰富，自然餐桌上少不了地方饮食。《人民塘村志》说："客家菜肴保留中原菜肴风味，以油重味浓、高热量、高蛋白为特点。"在"饮食"篇中更是有这样的记录：

客家菜的用料，大都以家禽、野味为主，不是"无海鲜不成宴"，而是"无肉不成宴"。客家人有"无鸡不清，无肉不鲜，无鸭不香，无鹅不浓"之说。客家菜突出主料而不太注重配料，讲求原汁原味。它继承了北方菜肴的烹饪方法，多用肉类，突出"咸、烧、肥、香、熟、陈"的特点。

咸，客家菜偏咸，甚至有"吃在客家，咸是一绝"之说。烧，强调趁热吃，且"烧唔烧"（热不热）成了品评菜肴是否好吃的标准之一。肥，普遍用油很重，肉食多选五花肉甚至纯肥肉，馅料用半肥瘦。香，做菜多煎、炸、炒、烧、焗、焖，以香口为佳。熟，做菜强调熟透、熟烂。陈，常用菜干等陈料。

客家菜肴独具特色。研究客家文化的陈世松先生在《四川客家》里解释："在四川客家人中迄今最具客家特色的菜肴当数蒸扣肉和煎酿豆腐，据说这两道菜都是客家人上川时带来的，且至今仍系广东惠州和梅县等地的客家名菜，并深受当地客家人喜爱。客家人入川后，他们又因地制宜、就地取材，制作出了不少色香味俱全的特色菜肴，如麻辣豆花、荤豆花、酸辣红苕水粉、怪味凉拌鸡、姜汁热窝鸡、酸菜粉丝鱼、豆瓣鱼、苕粉水酥汤、酸萝卜老鸭汤、韭黄蛋花酸汤以及各种药膳炖汤等。在这当中，有的是客家人的自我创造，也有的是与别的移民相互影响融合的结果，并最终成为他们日常生活中经常烹制的特色菜肴。"

在日常生活中，客家人尚节俭戒奢侈，这不仅反映在菜肴上，对风味小吃也强调"花钱不多而又各具特色"，这些小吃包括：五香花生米、豆腐干、油条、油糕、锅盔、凉粉、酸辣粉、糍粑、糖油果子、拌鸡块、拌兔丁、蒸笼牛肉、蒸肥肠、羊肉汤锅及腌卤制品等，举不胜举，在圣灯街道至今还能寻见这些风味小吃。

客家的饮品中最为常见的是茶。旧时，按照四川客家的礼规，凡客人至，给客人打水洗手洗脸后，主人就会把一杯杯沏好的热茶依次递至其手，然后再煮上一碗红糖醪糟鸡蛋垫底。饭后又重新为客泡茶，陪客聊天，真可以说是茶到情到。陈世松说，客家人平时也须臾离不开茶，特别是一些上了年纪的老年人，他们在家喝还觉不够味，于是经常邀约茶友到附近场镇茶馆品茶聊天，或交流生产经验，或交换商业信息和谈生意，要不就是唱唱曲、听听书，如此休闲消遣安度晚年。过去四川客家人最喜欢的茶叶是绿茶和红茶，中华人民共和国成立后则多改为喝茉莉花茶，如近二三十年来龙泉驿区洪河镇生产的芝龙牌花茶，便在成都东山客家方言区内有良好的声誉与销路。至于客家人在原籍嗜好的铁观音茶，由于经济和来源的限制，入川客家人已极少饮用。除茶外，在客家人的饮品中，每到夏天时常见的还有金银花水、荷叶水、鱼腥草水、金钱草水、车钱草水、夏枯草水和绿豆汤等。

圣灯的客家饮食以家常见长，这种风格至今还有所保留。不过，随着“农转非”，从农民转身成为市民，自然也就与城市饮食有了更多的融合，只有老一辈人还熟悉客家饮食，年轻人就更为现代一些。正因如此，2019年4月开始，四川光华社会工作服务中心在华林社区推动一个“客家美食传承”的活动，4月19日推出的是客家九大碗的必需品“酥肉”。

在酥肉制作现场我们看到：一块裹着金黄蛋液的肉，放入油锅里，经历沉底、浮起、变色升华，一块酥肉便应运而生。捞出、切块、装盘、品尝，它的使命也就结束了。参与活动的范阿姨将炸好的酥肉切成小块，方便围观的居民品尝。品尝酥肉的老人纷纷竖起大拇指，说味道很合适，盐味、麻味都适中，火候掌握得也很好。此后，他们还陆续进行了包抄手、粽子等一系列回顾客家美食的活动。不过，让人感到遗憾的是，来参加活动的人以社区老年人为多，年轻人甚少参与进来。

由于大量的国有企业在圣灯创建，这些工厂的工人来自全国各地，自然将各地的饮食也带到圣灯，比如东北菜、江苏菜等都有各自的天地。这些饮食习惯只在工厂宿舍区流行。现在，这些饮食在东郊还存在着，只是数量并不多，也最容易被人忽略。

圣灯物产录

“湖广填四川”，成都东山一带来了新移民，不管是从湖北来的还是广东来的，尽管他们选择落户东山的路径各异，却因共同目标而聚集在一起。这里起伏的浅丘与故乡颇有几分相似，这里的山山水水让他们立足生根。这里土壤属于浅丘黄壤，土地肥沃，适宜多种农作物生长。

民国版《华阳县志》载：“华阳立县，虽称附郭，而东南之壤，出郭十里则尽山也。土厚俗朴，物产丰饶。水则高仰得收，旱则低堰足获。故其所多所寡，不待求而给。年稔岁熟，溢输邻邑。此其大较也。”其“蔬之类”条目下记：“韭黄，味尤鲜美，在县为常馔，百里外成珍品焉。”菠菜，“北人呼赤根菜，不及蜀美”。这样的记录都显示出华阳物产的独美之处。

圣灯街道旧属华阳县，围绕着圣灯山的是连绵起伏的山丘，水网环绕，因之物产丰富。不管是谷类还是蔬菜都有生产。考察圣灯的物产史，不难发现，在民国时期，马铃薯、洋葱始有栽种，而海椒“（华阳）县人嗜之，每食必需”，当地海椒生产增加。人民塘村、东华村、长林盘村为浅丘区，旧时以种植水稻、玉米、小麦、红苕等为主，也兼及蔬菜。

经过几代人的耕作，圣灯山这片土地的特性就渐渐地显露出来。当时来成都的旅行者迈克·亚当斯，在1941年曾拍摄过成都东郊的犁耕者，从这张照片中，我们可以看到，农人正在认真地耕种土地，犁依然是传统的农具，数百年来，客家人就是在这片土地上持续耕作的。民国年间的圣灯寺，依然可见这样的田园景象。这里还在被称为村庄时生产就是半粮半菜的。

《圣灯乡志》记录：“抗日战争时期，随着我国政治、经济、文化中心西迁，机关、企业、工厂、大专院校建设亦进一步加快。其时，猛追湾一带的棚子韭黄以其株大秆长，质地细嫩而蜚声成都，以致供不应求。东华村、人民塘的‘二荆条’以其味辣、色红、嗅香而闻名川内外。端午节的青椒更是城市居民的抢手货。”成都东山一带有句俗语：“农民要翻梢（四川方言，意为致富），离不了种海椒。”这里的“海椒” 专指二荆条辣椒。这样的物产在成都周边地区是独一无二的。

圣灯之所以物产丰富，和成华区的水利有很大关系。这里的农田属都江堰自流灌溉区，东风渠从圣灯通过，灌溉支渠有人民支渠和南支二支渠。于是，圣灯就成了华阳县新的农产种植区。《成华农村概要》说，截至2003年用于农村灌溉的支渠30余公里，斗渠69.9公里，农渠234公里，毛渠180.26公里，衬砌渠道82.4公里。沟渠密布的成华区，农业不发展都难，圣灯街道亦是如此。

张汉民在《春郊小步》里说：“十里菜花黄耀眼，四乡麦浪绿铺云。飞鸢放出儿童手，激起龙钟不老心。”成都郊外风光和美，让诗人留恋的不只是丰收的景象，还有物产的丰富。方成在《圣灯寺割麦记》中回忆：“1959年5月一个周末，老师宣布，下周到圣灯寺支农劳动，自带铺盖、饭碗。回家一说，才知圣灯寺在城外东北角，快到二仙桥了。”方成和同学在学校集合后，从小天竺出发，经致民路、九眼桥、水碾河、万年场向城东北行进，走到快晌午时才到一林盘外的打谷场。“这拨十一二岁的孩子从未下过地，待他们顶着烈日、汗流浃背地忙活一阵后，身后就是高低不齐的麦桩、散乱着割下和割漏的麦秆。一个叫冯芷诚的同学，用一把半月形镰刀，一刀砍在小腿上，弄出一道娃娃口，血流不止，当即抬到村卫生室包扎。”方成在这里劳动了一周才回到学校。

1958年，东郊的工业企业建设上马，国营企业让这片土地沸腾了起来，但圣灯的种植业并没有太多的变化。原圣灯七队的黄贵明老人告诉我：“圣灯村是农业为主的村落，多年来就是以种植蔬菜为主。1949年之后，圣灯的蔬菜供应着成都市场。那时，有的蔬菜如芹菜吃不完还支援北方城市。”在他的印象中，圣灯村的物产丰富，四季都有蔬菜生产，比如萝卜、莲花白、芹菜、青椒等，头天采摘的蔬菜，送到村上的蔬菜站，第二天就可以出现在成都的农贸市场上。

《成华农村概要》里记录了2003年的圣灯蔬菜生产情况，长林盘种植的莲白、莴笋、萝卜、花菜、茄子、海椒等是精、细、名、特品种，蔬菜总产量468万公斤。再来看其他村社，崔家店在1998年退出了粮食生产，蔬菜种植总产量达1760万公斤，圣灯村为1249万公斤，关家堰为16.6万公斤，东华村为420万公斤，人民塘村为683万公斤。到了2002年，圣灯街道全面退出粮食生产。不过，这些数据说明了当时的圣灯在蔬菜种植方面有着极大的优势。《圣灯乡志》里记录：圣灯“有常年性蔬菜专业生产基地5043亩，菜农1.5万余人，年生产蔬菜3万余公斤，主要承担成都市东郊及东北郊城市人口的蔬菜供应”。

长林盘、东华、人民塘三村原来以粮食生产为主，到了20世纪七八十年代“注意发挥姜石黄泥土保水保肥的优势，广泛采用地膜覆盖新技术，栽种经济价值较高的特产品种和淡季菜，主要有早二季豆、早熟豇豆、早黄瓜、五叶子冬瓜、早茄子、早黄豆等，采用间套种方式栽种莴笋、秋季二季豆、草白芹菜、越冬菠菜、大白菜、小白菜、芫荽、茼蒿等，利用沟边地角种植紫背天葵等，增添了蔬菜供应的花色品种，基本保证了淡季不淡”。

黄贵明还记得1958年时，金牛区举办农业展览会，村里个矮的黄富鑫挑了两个大冬瓜去参加展览，但他却担不起来，因为这两个冬瓜有一百五十斤。这也从侧面说明了圣灯的土地是何等肥沃。

老一辈的圣灯人也还记得，1959年和1964年，省、市庆祝建国十周年和十五周年时，举行了盛大游行。当时的圣灯用各种蔬菜扎成蔬菜龙，以表现和象征农业丰收，风靡一时。这也让人刮目相看：“大家第一次知道圣灯的蔬菜原来是这个样子的，以前小看了圣灯的蔬菜生产。”

1976年是圣灯农业的分水岭，此前这里以种粮食为主。这一年则改为了半菜半粮，后来则以种蔬菜为主。无疑，这种改变带给圣灯农村的是新的经济活力。

曾担任崔家店书记达十九年的陈信伦说：“我当书记那些年，除了忙村上的事情外，也还要种地（吃过晚饭还去挖地）。我家有三亩地，种庄稼也种蔬菜。20世纪80年代，金牛区的茶店子南街有个农贸批发市场，我们就骑三轮车去卖菜，凌晨5点钟起床，7点左右就到了市场。我们种的蔬菜好，很受市场欢迎。尤其是豇豆，有一尺多长，两角钱一斤，比猪肉还要贵。”他边说边比画着豇豆的长度，这样种菜的日子让他印象深刻。

圣灯出产的瓜果蔬菜远近闻名。居住在望平街的老成都人郑光福说：“圣灯的物产太丰富了。给我印象深刻的是，圣灯的萝卜水灵灵、甜丝丝的，很有味道。你到别的地方比如郫县吃萝卜，就水垮垮的，跟圣灯的没法比。圣灯的冬萝卜为蔬中极品。”

莴笋，《华阳县志》说其“根最美”，崔家店村陈松元则回忆说：“1986年时，崔家店蔬菜种得好，茄子很受欢迎。夏天，崔家店生产的莴笋是很出名的，成都夏天卖的莴笋，大都是出自我们村。还涌现了圣灯乡最早一批农业万元户，如曾发万、严大军等在乡上都是典型。所以说干农业也是有奔头的。”

曾发万后来还曾跟市农委到贵州的黔东南地区做讲座，指导当地的农民如何发家致富。这也说明了圣灯的蔬菜栽种确实具有相当的代表性。

1990年秋天，林文询在《登楼赋》里写农夫生活：“成都平原的黑土地是丰饶慷慨的，郊野的农夫也最辛劳。往往三更刚过，汉子们便已起身下地，采撷水灵时蔬。然后披一袭月色星光，踩一路薄雾清霜，一根扁担闪悠闪悠挑两大筐鲜菜，五更未响，已汗涔涔赶至城墙根底。城楼高耸，城门紧闭，黎明前的夜又黑又浓。汉子们并不躁急，拭一把热汗，咂一袋旱烟，然后舒舒展展伸一个懒腰，倒头便睡了下去——当然没有床，但他们有的是‘绝技’，三尺扁担放倒，铁塔也似的精壮汉子便安安稳稳仰躺上去，不一刻便呼呼鼾响。”那时候的圣灯人赶场卖菜，大致如此。

陈松元接着陈信伦担任村书记，这一干就是十年。这个时期，改革开放的到来影响到圣灯的蔬菜销售。最早蔬菜卖给乡镇、村上的蔬菜站就可以了，但随着市场的搞活，卖菜也出现了难题。“1986年的时候，农民种菜，除了交蔬菜站之外，也可以自己贩卖，当时的村民就到处卖菜，比如二仙桥、十里店都有去过卖菜。但占道经营，不仅影响交通，也影响市容，在卖菜的过程中常常被城管部门驱赶来驱赶去。我们就在崔家店搞了一个农贸市场，市场不是很大，只要是卖菜的都可以在里面交易，也不收摊位费，这样就解决了农民卖菜难的问题。”这也是东郊最早的农贸市场之一。后来，菜市场管理就渐渐规范了。农贸市场的创举无疑对圣灯的蔬菜就地销售起到了推动作用。

外地人江涤亚曾游览成都东郊菜地，并赋诗两首。其一：“锦城郊野多良田，男妇耕耘不计年。进食每怀鲜菜味，喜欢岷水满平川。”其二：“何处春风到锦城，红花绿柳景芳新。可怜三月都江水，灌溉田园报早耕。”写出了20世纪七八十年代东郊圣灯寺菜农生产的情况。

一直以来，圣灯也在发展养殖业，当地鱼塘、堰塘众多，为养鱼提供了便捷。《成华农村概要》里记录：“全乡现有养鱼池92.7公顷，其中世界银行贷款修建的标准化养鱼池83.3公顷，2003年全乡渔业生产总量达1400吨。”尽管现在的圣灯街道比之原来的圣灯乡区域范围有所变化，但养鱼业一直都存在。养殖的鱼类有鲢鱼、花鲢鱼、鲫鱼、草鱼、罗氏沼虾、桂花鱼、武昌鱼等，这些鱼产品也丰富了成都人的餐桌。

尽管圣灯的物产丰富，但相较成华区的青龙、保和和龙潭寺等乡镇，经济不甚发达，甚至有些落伍。圣灯社区的张文菊说："我们这儿就是太穷了。但想想祖先们跋山涉水来到这一片土地，从此开山辟地，经营着这块土地，自然是有几分满足，毕竟现在条件比以前好多了。"

现在居住在圣灯社区的圣欣苑的，多是圣灯村的村民。小区有个二十多平方米的连心驿站，下午一群老圣灯人在这里娱乐或者看电视，有时则拉拉家常。我到访的时候，有三四位老人过来聊圣灯过去的情况。这让我们对圣灯寺农业时代的物产又增加许多了解。

2004年，圣灯街道的乡村改制为社区，结束了大面积种植蔬菜的情况，仅仅有小部分土地还在栽种蔬菜。由此，圣灯的这些物产也就渐渐地在岁月中消失掉。

如今行走在圣灯街道，纵横交错的道路，林立的楼盘，再难以看见菜园、田野，再无郊区的形象。这些风物也就成了圣灯最后的乡土记忆。

后记

一方水土养一方人，它有独特的历史和文化，这些就在流动的生活当中。随着对成都的理解深入，这几年对成都区域文化越来越有兴趣，也了解得更多一些，但浮光掠影地路过总不会留下什么深刻的印象。在接到写作《圣灯寺》这本书的任务时，我对圣灯街道的情况所知并不太多，随后翻阅了手头的若干资料，也没有太多收获。毕竟这样的人文图书不同于小说那样允许虚构，而是要根据事实进行书写。好在圣灯街道的唐爽等老师给我提供了些许线索，让我对圣灯多了一些了解。在走访圣灯的各个社区时，已找不到旧时记载的所谓“浅丘”景象，河流、堰塘、道路等也随着各个村庄变身社区、融入城市，发生了彻底改变。不仅如此，由于居住环境变化，人们对历史的记录更为敏感，这就像《旧貌换新颜：成都旧城改造纪实》中所说的那样：一座城市的发展总是绵延不绝，发展的过程，是与时俱进、破旧立新的过程。成都的旧城改造，历史文化中的精华部分得到传承和弘扬。成都经过旧城改造更具迷人魅力，在这里可以从历史文化与现代文明实现有机融合、得到和谐发展的事实中找到答案。

这几年，宏大叙事的地方文化史观让位于微观史学，从一些具体而微的个案中尝试挖掘出本土的文化内涵乃题中的应有之义。从圣灯寺这个小世界看待成都的变迁，就有了新视角。不过，这里所说的圣灯寺，在我的理解里不只是一个地域（空间）概念，其涵盖的范围更为广泛，若说包括了现在的整个东郊也是恰当的。在不同的历史时期，这里曾发生过种种故事，且数量众多，却因这样那样的原因，少了记录，以至于需与各个社区的老人进行详细沟通才能打捞一二。然而，由于被采访者年龄偏大的关系，不少故事的时间、地点在记忆中或有出入。关于工厂的记忆同样存在着这个问题。好在有蛛丝马迹，通过多人的采访与核对，可以将人和事还原得更为细致一些，如此，才有了较完整的《圣灯寺》。

在随后的创作中，忽然发现需要扎根下去对圣灯的社区、街道来一个全面走访。这个走访包括两部分，一是纸上探寻，一是实地探访，寻找居住在圣灯的老人和故事。不仅如此，几位师友也为我所提交的提纲提出若干切实的建议，比如哪些人物应该放进书里来。坦率地说，在圣灯街道的历史上，由于长期处于城市郊区的地位，即便发生了湖广填四川这样的大事，能够影响到这个时代的“大人物”也并不多见。但如果我们仔细梳理，就会发现有不少人乃本土名人，他们在各自的岗位上做出了自己的贡献。而《圣灯寺》所关注的即是在圣灯这片土地上的人和事。

尽管如此，在写作时仍面临不少困境。这是因为圣灯街道的区域范围多少有变化，比如说圣灯街道延续的是圣灯乡的历史，但圣灯的区域变化明显，因此需根据今天的圣灯街道区域寻找线索。有时以为可迎刃而解的问题，却迟迟没有寻找到应有的答案。在写曹前明先生在厂北路修自行车一节时，我看到网上有人写他将自行车倒翻过来很吃力，居于东郊的张义奇当时曾找他修过自行车，却提出了不同的意见。我多方寻找曹先生的联络方式，后来才从顾家模先生处知道他在英国，他们是朋友，后来他还专门给我介绍了曹前明的情况。但修自行车的场景也只能凭借想象“还原现场”。很偶然，一次我逛旧书摊，遇到原《成都晚报》新闻摄影部主任王学成的一册摄影集。回来翻阅照片时，意外地发现有一张照片是曹前明修自行车的场景。像这样的案例还有好几例。有次逛旧书摊，意外地遇见曾担任719厂党委书记的裴亚东先生《裴亚东革命回忆录》，补充了手头资料的不足。这真是缘分凑巧。这正如同诗人吕历所言：“一粒盐，决定一口气的硬度，一粒盐，改变一碗水的命运。”而正是无数的“一粒盐”，才让圣灯寺变得丰富而多元，那是一个美妙的人文世界。

再就是在采访过程中，郑光福、张云吉、李彬、朱玉霞等老师给予了许多无私的支持，或提供采访对象的联系方式，或提供线索，让我在遭遇创作困难时多了些支撑。没有这些无私的帮助，《圣灯寺》很难按时完成。

圣灯街道的众多老师和社区工作人员为《圣灯寺》的创作联系社区相关采访对象，并提供了不少内容。没有街道与社区的大力支持，要想完成这部作品无疑是更加困难的。

意大利历史学家克罗齐曾说：“一切历史都是当代史。”他指出，编年史乃是没有生命力的死的材料的编排和堆积，而真历史则是活生生的历史。他进一步阐述说，如果说当代史是从生活本身直接跃出的，那么我们所称之为非当代史的，也是直接来源于生活的。因为最明显不过的就是，唯有当前活生生的兴趣才能推动我们寻求对于过去事实的知识；因为那种过去的事实，就是在呼应着对当前的兴趣，而非对过去的兴趣。以此观照《圣灯寺》的创作，亦是如此。

文化是根，是魂，是人们共有的精神家园。文化的凝结形成传统，文化的传承关乎未来。《圣灯寺》侧重于对人文历史的书写，如何正确地描述发生在这片土地上的众多事例，比如发生在国有工厂里的故事也很丰富，但由于工厂的变化，一些故事的亲历者一时无法联系上，这成了遗憾。好在书里记录的工厂故事从不同视角反映了东郊工业的发展历程。值得一说的是，原住民与工厂的交融构成了圣灯的独特人文历史。今天，通过这样的打捞，可以让我们看到一个更为立体的圣灯寺。

2019年11月7日